600 dicas do GNT para você ficar

superbonita

SONIA BIONDO

Organização

600 dicas do GNT para você ficar superbonita

EDITORA GLOBO

gnt CANAL GLOBOSAT

Texto fixado conforme as regras do novo Acordo Ortográfico da Língua Portuguesa (Decreto Legislativo nº 54, de 1995)

Organização: Sonia Biondo
Edição e revisão: Ana Tereza Clemente
Capa, projeto gráfico, ilustrações e editoração: Marina Mayumi Watanabe

1ª edição
1ª reimpressão, 2011

CIP – Brasil. Catalogação na Fonte
Sindicato Nacional dos Editores de Livros, RJ

S463

600 dicas do GNT para você ficar Superbonita / organização Sonia Biondo. – São Paulo : Globo, 2009.
il. ; . – (Globo de bolso)

ISBN 978-85-250-4761-8

1. Beleza física. 2. Cuidados com a beleza. 3. Qualidade de vida. 4. Saúde. 5. Superbonita (Programa de televisão). I. Biondo, Sonia. II. Título: Seiscentas dicas do GNT para você ficar Superbonita. III. Série.

09-4103. CDD: 642.726 CDU: 646.7
13.08.09 19.08.09 014504

Editora Globo S.A.
Av. Jaguaré, 1.485 – 05346-902 – São Paulo – SP
www.globolivros.com.br

[agradecimentos]

À equipe *Superbonita* em cada uma de suas temporadas, sempre eficiente, dedicada e, o mais importante, apaixonada por beleza.

À Ana Tereza Clemente e à Luíza Mattos, auxílio luxuoso na organização e na edição das dicas.

Às apresentadoras e superbonitas, a melhor inspiração.

À equipe GNT/Globosat, parceira de primeira hora na realização do *Superbonita* e na viabilização de mais este projeto.

Sumário

Apresentação

Superbonita consolidou, na grade do GNT, o conceito de ser um programa de beleza onde a mulher é a estrela. O tema varia, mas a vontade é a mesma: mulheres desejam sempre um visual melhor, trocam informações na busca por novas soluções e falam bastante sobre o assunto.

Desde o primeiro programa elas nos contam essas histórias.

Para nós, o mais importante nos depoimentos não são somente as tendências passageiras, como estilos de corte de cabelo ou cores de maquiagem, mas os valores permanentes desse universo feminino. Valores como autoestima, bons hábitos, bom senso e bom humor, que fazem da mulher um ser único, de tantas peculiaridades. Em nome da beleza, a mulher quer saber sempre mais e mais.

Para responder perguntas e tirar dúvidas, a redação do programa acabou reunindo para o GNT, ao longo do tempo, um grande acervo de dicas de beleza que chegam agora a você, leitora superbonita, na forma deste livro.

Dividimos as mais de seiscentas dicas que aqui estão em capítulos por refletirem o maior interesse e a repercussão dos temas que apresentamos até hoje: Cabelos, Rosto, Maquiagem, Corpo e Vida Prática – este último com dicas para noivas, grávidas ou para quem usa óculos, entre outras. São soluções simples, feitas para quem não aguenta mais complicação na vida.

Espero que o livro seja útil para tornar o seu dia-a-dia mais fácil, feliz e sem problemas de beleza. Como deve ser.

Um beijo,

Sonia Biondo

[Diretora do *Superbonita*]

1 Cabelos

A experiência *Superbonita* veio confirmar o que todas nós, mulheres, sempre soubemos: sem um cabelo que nos faça sentir lindas, seguras e maravilhosas, não há truque de beleza que salve o dia.

Ainda mais se o dia for aquele em que se acorda com uma aparência que não tem nada a ver com a glamourosa noite anterior. À meia-noite, charmosa e sedutora; de dia, assustadora. Praticamente uma Cinderela. Um *bad hair day* (em tradução literal, dia de cabelo ruim) é um dia em que o cabelo simplesmente diz não para você. E o que é pior: faz isso cara a cara no espelho.

Nesses dias – tão importantes na agenda da mulher quanto "aqueles" dias –, você fatalmente acaba se atrasando para o trabalho, tentando mil e um truques, brigando com o namorado/marido e pensando seriamente na possibilidade de sair à rua com um saco de papel na cabeça. Mais que mal-humorada, você fica triste. Mulher com cabelo feio não tem jeito – é, definitivamente, uma mulher triste.

Fiel ao conceito que inspira o *Superbonita* desde a sua estreia, falar de beleza só tem sentido se for para trazer alegria e alto astral. E essas dicas para cabelos que você vai ler nas páginas seguintes fazem justamente isso: transformam problemas em solução, preocupação em sorriso, tristeza em alegria. Sempre com altas doses de bom senso.

- Qual a maneira correta de aplicar pomadas e cremes volumizadores?
- Qual o espaço de tempo seguro entre uma coloração e um alisamento?
- Qual corte é mais adequado para rosto comprido?
- É verdade que quanto mais se corta, mais o cabelo cresce?

As respostas, claro, não são milagrosas. Mas vão poupar você de muitos erros desnecessários na hora de cuidar das longas, médias ou curtíssimas madeixas. Tudo para que você nunca mais tenha de passar por um *bad day*. Pelo menos no que depender da gente.

[1] No verão, cabelos tingidos desbotam mais que em outras estações do ano por causa do sol e das lavagens frequentes. O que fazer? Ao tingir, misture uma tonalidade mais escura a sua cor habitual na seguinte proporção: 75% da cor de base e 25% da mais escura.

[2] A única cor de cabelo que combina com todos os tons de roupa é o castanho. Louras e ruivas precisam tomar cuidado com peças que briguem com a cor dos cabelos. Ruivas devem preferir preto, cobre, branco, marrom e dourado na hora de se vestir.

[3] Quem tinge os cabelos tem de marcar na agenda pelo menos duas hidratações por mês. A mais indicada é à base de proteínas e sem enxágue, do tipo *leave-in*, porque ajuda os fios a recuperarem os aminoácidos perdidos com a tintura.

[4] Nem sempre as sobrancelhas mais escuras favorecem a mulher de cabelos louros ou ruivos. Às vezes, clareá-las no tom dos cabelos faz milagres pela beleza do rosto, abrindo o olhar e deixando a expressão muito mais suave.

[5] Quem faz tintura deve usar xampus e condicionadores com protetor solar. A radiação ultravioleta resseca os cabelos e interfere na tonalidade dos fios.

[6] Só henna vermelha e dourada colore os fios. Os outros tons servem como vitalizantes e tratamentos fortalecedores.

[7] Ruivas devem evitar, ao máximo, o secador, porque cabelos vermelhos costumam ressecar mais que os de outras tonalidades. Com um bom corte, a secagem ao natural dá ótimo resultado.

[8] Para colorir cabelos brancos, o melhor tom é o louro-médio, que não desbota com o sol e não precisa de manutenção tão frequente.

[9] Henna faz mais que colorir e hidratar. É ótima para dar volume e tirar a oleosidade dos fios.

[10] Cuidado: a tintura pode criar efeitos bem diferentes em cabelos distintos. O que ficou bonito na cabeça de uma amiga – ou da mulher bonita que você viu na revista – pode ter resultado oposto na sua. Tudo depende da pigmentação dos fios. O melhor a fazer é um teste no cabeleireiro; se preferir arriscar a tingir em casa, pinte uma pequena mecha e verifique se vale a pena continuar.

[11] Tintura é coloração permanente. Só uma nova tinta ou um processo de descoloração revertem o resultado. Tonalizantes, como o próprio nome diz, interferem apenas na tonalidade da cor. E saem com a lavagem.

[12] Tonalizantes de cor muito escura devem ser evitados, porque a química é forte e cumulativa e acaba manchando os cabelos.

[13] O ruivo tingido pode ganhar uma aparência supernatural. Basta usar louro-médio como cor de base e fazer reflexos (luzes ou *balayage*) acobreados e avermelhados por cima.

[14] A cor preta natural fica mais bonita, e ganha mais brilho, com tonalizante de reflexos violeta.

[15] Teste pré-coloração básico: corte uma mechinha de cinco centímetros do cabelo, amarre uma das pontas com uma fita e aplique o produto. Espere o tempo necessário, enxágue e deixe secar. Assim, é possível ter um resultado seguro de como a cor irá reagir.

[16] Se a tintura ficou escura demais, espere três dias antes de aplicar nova cor sobre os cabelos. Caso tenha ficado muito clara, a nova aplicação pode ser feita na mesma hora.

[17] Prefira reflexos "quentes" em cabelos castanhos, como os tons de caramelo, mel ou ouro queimado, que deixam a cor original ainda mais bonita.

[18] Se for tingir os cabelos de louro e tiver olhos claros, atenção: olhos azuis pedem tinta louro-bege; olhos verdes, louro-dourado. Morenas de olhos castanhos devem optar por louro-escuro ou acobreado.

[19] Para fortalecer os cabelos, dar brilho e realçar a cor natural, a henna em pó, de coloração neutra, é uma ótima pedida.

[20] Evite usar henna em pó se os cabelos forem secos. Prefira a henna líquida, que dá brilho e volume.

[21] Opte pela coloração preta ou castanha-escura sempre que quiser criar um lindo contraste com a pele branca e os olhos claros. Só os tons mais escuros têm o poder de realçar a beleza natural do rosto.

[22] Quem é baixinha e faz o tipo mignon deve privilegiar cabelos curtos ou, no máximo, no comprimento de um dedo abaixo dos ombros. Fios longos "achatam" mulheres pequenas.

[23] Um corte desfiado e mais comprido nas laterais disfarça orelhas grandes.

[24] Rosto comprido? Experimente cortes curtos e batidos na nuca.

[25] Cabelos cacheados pedem corte de, no mínimo, um centímetro a cada dois meses.

[26] Se você tem um dia-a-dia muito agitado e dinâmico, opte por cortes curtos, ou então prenda os cabelos compridos.

[27] Os cabelos ondulados e cheios ganham estilo e leveza com um picotado nas pontas.

[28] O melhor comprimento para cabelos lisos e volumosos é o médio.

[29] Cortar não faz o cabelo crescer, mas dá força e acaba com as pontas duplas. Mantenha o corte, no mínimo, a cada dois meses.

[30] O fio reto é o melhor corte para quem adora usar cabelo preso a maior parte do tempo.

[31] Atenção: quem tem cabelos crespos deve preferir o formato arredondado no corte. Se além de crespos forem curtos, não devem ter volume no alto da cabeça.

[32] Não sabe qual o tipo de corte escolher? Então, não erre. Prefira fios retos na altura dos ombros. É um corte prático, superfeminino e combina com todos os tipos de rosto.

[33] Quer rejuvenescer o corte Chanel? Desfie as pontas e a franja.

[34] Corte muito picotado aumenta ainda mais o volume de cabelos crespos.

[35] Cabelos longos de fios retos afinam o rosto. Já cabelos ondulados devem ser repicados para dar leveza ao visual.

[36] Para dar movimento a cabelos muito finos, o melhor corte é em camadas, com franja repicada.

[37] Quem tem pescoço longo e maxilar definido deve preferir cortes que terminem logo abaixo do queixo.

[38] Perigo, perigo: cortes curtos em cabelos crespos têm grande chance de ficar radicais. É que na ânsia de tirar o volume, corta-se demais e o curto vira curtíssimo. Desfie os fios bem curtinhos com navalha para dar movimento aos cabelos.

[39] Dar um jato de spray fixador de baixo para cima no corte assimétrico destaca as pontas irregulares.

[40] Corte cabelos curtos e retos mensalmente para não perderem o estilo.

[41] Evite ficar muito tempo sem cortar os cabelos. Quanto mais velhos os fios, mais frágeis ficam.

[42] Se você é daquelas mulheres que têm cabelos compridos e odeiam cortar, ao menos apare as pontas a cada três meses. Principalmente em cabelos lisos, pontas finas e quebradiças ficam mais evidentes.

[43] A franja escovada, como se fosse um topete, ajuda a levantar a expressão e valoriza o rosto.

[44] Para deixar a franja mais lisa e reta na hora de fazer escova, use uma escova grande com cerdas naturais. Depois, passe pomada modeladora.

[45] Quer dar volume à franja lisa e rala? Enrole a mecha com bobes largos por trinta minutos e depois ajeite com os dedos.

[46] A franja do tipo desfiada é a mais versátil, porque dá movimento e leveza ao penteado.

[47] A franja desfiada e jogada para os lados é ideal para afinar rostos redondos. E a franja curta alonga o rosto – neste caso, as sobrancelhas devem ser arqueadas.

[48] Na dúvida, corte a franja, no máximo, dois dedos acima das sobrancelhas.

[49] Para prolongar o efeito da escova e deixar a franja mais encorpada, use spray finalizador suave.

[50] Testa alta combina com franja mais longa e inteiriça. Picotada nunca. Franja desfiada e leve é mais indicada para quem tem testa curta.

[51] Para tirar o volume da franja, aplique pomada à base de água e *alcohol-free*.

[52] Franjas muito curtas são proibidas em cabelos encaracolados. Tendem a subir, ficam onduladas e enfeiam o visual.

[53] Evite que a franja absorva a oleosidade da pele passando um pouco de pó translúcido na testa.

[54] Apare a franja a cada vinte dias.

[55] Nunca passe silicone em primeiro lugar na franja: fica muito gordurosa. Espalhe o produto pelos cabelos e deixe a franja para o retoque final. Passe apenas com a ponta dos dedos.

[cuidados]

[56] Jamais durma com os cabelos molhados ou presos. Os fios não respiram e a raiz fica ressecada. Esse hábi-

to também pode fazer mal à saúde, porque você tende a se resfriar. Seque os fios levemente com o secador, o suficiente para tirar a umidade. Pela manhã, desembarace-os com um pente de dentes largos, feito de madeira antiestática, e depois penteie com escova macia.

[57] Rabo-de-cavalo apertado por mais de três horas arrebenta os cabelos. Não deixe passar do tempo!

[58] A escova deve ser feita com os cabelos úmidos, nunca molhados.

[59] Use os cabelos presos sempre que quiser proteger os fios das impurezas do meio ambiente. Mas cuidado ao prendê-los! Utilize elásticos com proteção ou, então, prendedores com fechos que não quebrem os fios.

[60] No verão, cabelos precisam de mais proteção: bonés, faixas, penteados presos e filtro solar sobre os fios molhados ajudam a manter a beleza sob o sol.

[61] Durante o banho, depois de passar o condicionador, penteie os cabelos com um pente de dentes largos para melhor distribuição do produto. Deixe agir por um ou dois minutos e só depois enxágue.

[62] Para não perderem volume e brilho, cabelos lisos devem ser lavados em dias alternados, com água a 22 graus (equivalente a morna) e por não mais que três minutos.

[63] Para desembaraçar os cabelos úmidos, comece pelas pontas e vá até a raiz, evitando, assim, o aparecimento de pontas duplas e quebradiças. Nunca desembarace os cabelos com escova.

[64] Use os dedos para pentear e modelar os cabelos: causa menos danos aos fios. Faça isso com suavidade, sem puxar. Os fios agradecem.

[65] Escova em excesso deixa os cabelos ressecados. Faça, no máximo, três vezes por semana. E hidrate, no mínimo, duas vezes por mês.

[66] Atenção à temperatura do secador. Muito alta levanta o revestimento natural dos fios, tirando o brilho e embaraçando os cabelos. Compre secadores com três graus de aquecimento – frio, médio e quente.

[67] Para amaciar os cabelos, e deixá-los com toque de seda, experimente massageá-los com uma mistura de babosa e óleo de amêndoas doce.

[68] O secador deve ficar a uma distância de pelo menos 20 cm da cabeça para não danificar os fios.

[69] Pelo menos uma vez por semana dispense o secador e deixe os cabelos secarem ao vento.

[70] Para hidratar os cabelos, use óleo essencial de laranja: dez gotas para cada 100 ml de água.

[71] Quem tem cabelos quebradiços e predispostos à queda deve usar somente pentes de dentes largos.

[72] Durante o verão, proteja os cabelos brancos da água do mar e do cloro da piscina: misture ½ copo de vinagre de maçã a ½ copo de água quente e aplique antes do xampu.

[73] Bastam três gotinhas de vitamina A no vidro de xampu para dar brilho aos cabelos brancos. E três gotinhas de vitamina E para vitalizar os tingidos.

[74] Depois de lavar os cabelos pós-coloração, massageie os fios com creme sem enxágue à base de proteínas para que recuperem os aminoácidos perdidos no processo químico.

[75] Para hidratar cabelos crespos ou cacheados, pingue três gotas de óleo essencial de calêndula no condicionador.

[76] Para fortalecer os cabelos, passe chá de alecrim depois da lavagem. E não enxágue.

[77] Quando for secar cabelos crespos ou cacheados com secador, direcione o vento na horizontal ou de cima para baixo. Sempre.

[78] Ao lavar os cabelos, não esfregue com força nem torça os fios na hora de enxugá-los. Caso contrário, perderão a vitalidade, o balanço e o brilho.

[79] Seu cabelo é normal? Parabéns! Para mantê-lo assim, use sempre *leave-in* como proteção do sol e faça hidratação semanal.

[80] Se os cabelos com mechas ou luzes ficarem com aparência ressecada, borrife uma mistura de pantenol e camomila antes de penteá-los.

[81] Fios danificados precisam mais do que hidratação, precisam de nutrição. Aplique máscaras de regeneração

e nutrição capilar uma vez por mês para ajudar a recuperar os cabelos. Um restaurador de pontas à base de silicone também ajuda a selar as pontas duplas.

[82] Depois da aplicação de henna em pó, lave os cabelos massageando-os bem com a ponta dos dedos. O movimento ativa as glândulas sebáceas e recupera a oleosidade natural, que protege a raiz.

[83] Atenção, alérgicas: antes da henna, faça um teste com uma pequena quantidade do produto atrás da orelha ou na parte interna do braço. Apesar de pequena, a reação a esse tipo de coloração existe.

[84] Antes de aplicar tinta ou qualquer tipo de química nos cabelos, passe vaselina líquida na região da testa, próxima à raiz dos fios, para não manchar ou irritar a pele.

[85] Procure usar secador ou modulador em temperatura inferior a 750 °C. Na prática, isso significa: morno o tempo todo, ou muito quente por curtos intervalos.

[86] Jamais enrole os cabelos molhados na toalha e torça. É um procedimento comum, visto até em salão de cabeleireiro, mas que acaba com a saúde dos fios. Retire o excesso de água friccionando as mechas suavemente com a toalha e só então enrole o cabelo nela para acabar de secá-lo.

[87] Se for hidratar os cabelos em casa, prefira tratamentos semanais com vitaminas, queratina e proteínas vegetais, que dão nutrição intensiva à fibra capilar.

[88] Cabelos lisos e oleosos também precisam de condicionador. Ele é necessário para fechar a camada protetora do fio, aberta pelo xampu.

[89] Antes de prender o cabelo com elástico – mesmo que seja revestido – é bom passar um pouco de silicone para não danificar os fios.

[acessórios]

[90] Use apenas escovas de cerdas naturais e pentes de madeira, porque evitam a eletricidade e ainda não quebram os fios.

[91] Gel, grampos, fivelas, arcos (ou tiaras), fitas e faixas são acessórios básicos para disfarçar um corte malsucedido. Tenha sempre um kit à mão para emergências.

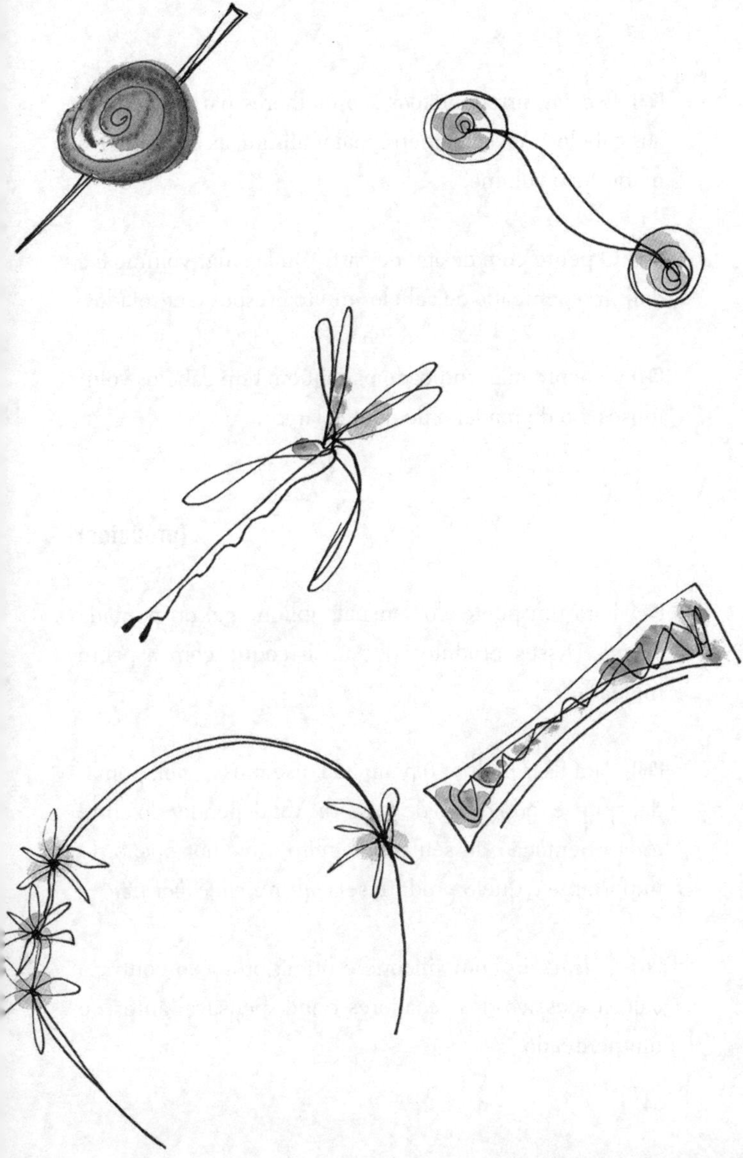

[92] Escovas arredondadas são melhores para dar forma aos cabelos. As de diâmetro maior alisam, as de diâmetro menor dão volume.

[93] O pente com design de garfo ajuda a dar volume e a definir o penteado de cabelos muito crespos e enrolados.

[94] O pente mais indicado para quem tem cabelos volumosos é o de madeira de dentes largos.

[produtos]

[95] Para um penteado sensual, aplique gel ou pomada *oil-free*. Esses produtos deixam o coque com aspecto molhado.

[96] Para fixar melhor o penteado, use musse, gel, pomada, spray e todo o tipo de *leave-in*. Vai depender do corte e da orientação de seu cabeleireiro a melhor opção. O importante é que o produto seja *oil-free* e *alcohol-free*.

[97] O *leave-in* com silicone é ótima proteção contra o calor excessivo dos secadores e indispensável antes de um penteado.

[98] Para facilitar sua absorção, a musse deve ser aplicada sempre em cabelos molhados. Coloque o equivalente ao tamanho de uma bola de tênis em uma das mãos e espalhe pelos fios suavemente até desaparecer qualquer vestígio do produto.

[99] Cabelos pretos ou castanho-escuros devem ser lavados com xampu à base de queratina – ideal para deixá-los macios e brilhantes.

[100] Pomadas e cremes que dão volume devem ser aplicados apenas na raiz dos cabelos e antes da escova ou da secagem. Caso contrário, os fios perdem o brilho.

[101] Na hora de lavar cabelos cacheados, use xampu para cabelos oleosos na raiz e um específico para cabelos secos nos fios.

[102] Para hidratar e embelezar os cachos, aplique uma vez por semana máscara capilar à base de óleos vegetais, silicone, *Aloe vera* e lanolina.

[103] Não exagere no uso de condicionadores sem enxágue. Eles retêm as impurezas, que acabam danificando a cutícula dos fios.

[104] Usar silicone não trata as pontas duplas, embora melhore bastante o aspecto dos fios.

[105] Quem tem cabelos pretos deve usar protetor solar diariamente. A exposição ao sol deixa os fios avermelhados.

[106] Cabelos de todos os tipos ficam muito mais macios com xampus à base de ceramidas, manteiga de karité e queratina.

[107] Condicionadores *leave-in* com silicone dão brilho, facilitam o penteado e melhoram a aparência de cabelos cheios e rebeldes.

[108] Use gel sempre que quiser dar aos cabelos um efeito molhado. Já pomadas e ceras são mais indicadas para modelar os fios. Mas, cuidado: o uso exagerado de produtos de modelagem, ainda que sem álcool, resseca os fios.

[109] O *leave-in* de silicone só pode ser aplicado nos fios, jamais na raiz dos cabelos.

[110] O condicionador sem enxágue ou *leave-in* deve ser passado ao longo dos fios úmidos, sem chegar até a raiz. Depois, reforce o efeito com gotas de silicone nas pontas.

[111] Em época de praia e piscina, use xampu antirresíduo pelo menos uma vez por semana para remover restinhos de sal, cloro e protetores solares.

[112] Use musses de textura leve para dar volume e valorizar o corte em camadas.

[113] Aplique filtro solar específico para cabelos quando estiver na praia ou na piscina, ou sempre que se expuser ao sol por período prolongado. Passe o produto antes do mergulho ou da exposição ao sol. Em cabelos tingidos ou com mechas, esse cuidado é indispensável!

[114] Use produtos antifrizz nos cabelos em dias de chuva. Reduzem a umidade dos fios e fazem o penteado durar por mais tempo.

[115] Para hidratar os cabelos depois de fazer mechas ou luzes, aplique uma máscara capilar hidratante e regeneradora nos fios limpos e úmidos, enrole-os em uma toalha ou touca térmica e deixe o produto agir por quinze minutos.

[116] Produtos formulados com hamamélis, *Aloe vera* e algas marinhas deixam os cabelos mais volumosos.

[117] Xampus com proteína hidrolizada de trigo, queratina ou pró-vitamina B5-Pantenol fornecem proteção, regeneram e melhoram a textura dos fios de quem usa henna.

[118] Evite usar xampu 2 em 1, mesmo se os cabelos forem normais. Esse tipo de produto deixa os cabelos opacos e com resíduos.

[119] Condicionadores que têm melhor efeito hidratante são os produzidos à base de óleo de macadâmia, germe de trigo, extrato de algas, manteiga de karité e óleo vegetal de jojoba.

[120] Pomadas finalizadoras são ótimas para eliminar a eletricidade dos fios.

[alisamento]

[121] Para deixar os cachos soltos e com brilho, prefira relaxamento em vez de alisamento. Para alisar ainda mais o cabelo já relaxado, faça uma escova. O relaxamento é o nome que se dá ao alisamento light.

[122] Cabelos alisados devem ser penteados antes de dormir. Use escovas com cerdas naturais.

[123] Antes de fazer chapinha, proteja ao máximo os fios: aplique musse, faça escova, use spray com fixador ou pomada modeladora.

[124] Chapinha não deve ser feita com frequência. Por mais que os fios sejam protegidos antes do processo com os melhores produtos, e seja feita muita hidratação depois, o superaquecimento contínuo sacrifica os cabelos. Deixe para fazer esse procedimento apenas em ocasiões especiais, como antes de formatura ou casamento.

[125] Sempre que possível, tente evitar a química dupla, mas se precisar alisar e pintar os cabelos, primeiro alise e depois pinte. E dê um prazo de, pelo menos, trinta dias entre uma operação e outra.

[dicas]

[126] Coque baixo dá um ar envelhecido à aparência. Um truque básico que rejuvenesce é prender os cabelos no alto da cabeça.

[127] Quer saber como ficaria o seu cabelo com mechas coloridas? Passe nos fios um rímel colorido e veja o resultado. O importante é que seja um produto que saia com a lavagem.

[128] Coloração, permanente e alisamento formam um péssimo triângulo embelezador. Escolha uma opção de cada vez para não sacrificar a saúde dos fios.

[129] Reveja o tom da maquiagem sempre que mudar a cor dos cabelos. Eles precisam estar em sintonia. Ruivas e louras devem ter cuidado extra para não abusar do colorido e cair no exagero.

[130] Cabelos negros não combinam com sobrancelhas muito grossas. Afine um pouco o desenho para dar leveza ao visual.

[131] Se os cabelos crespos amanheceram sem forma, umedeça os fios com as pontas dos dedos e passe musse. Enrole o cabelo em cachos e depois solte-os. Problema resolvido! Se não quiser enrolar, use pomada ou cera para ajeitar os fios que amanheceram amassados.

[132] Uma ducha de água quase fria (não gelada ou muito fria) no fim do banho garante mais brilho e vitalidade aos cabelos.

[133] O coque preso no alto da cabeça alonga a mulher baixinha e valoriza o pescoço.

[134] Cabelos lisos e compridos alongam o rosto.

[135] É fato: rabo-de-cavalo rejuvenesce. Com franja curta e bem cortada, então, é um sucesso.

[136] Evite passar a mão nos cabelos. Esse ato involuntário acaba sujando os fios e estimulando a eletricidade, deixando-os armados.

[137] Lavar cabelos cacheados todos os dias retira a oleosidade natural dos fios. Dê um intervalo de, no mínimo, um dia.

[138] Mude de cabeleireiro a cada dois ou três anos. Você renova o visual e ainda recicla as amizades do salão.

[139] Jamais penteie cabelos cacheados quando estiverem secos. Isso faz aumentar o volume e ainda desfaz os cachos.

[140] Uma toalha úmida, aquecida por vinte segundos no micro-ondas, é uma eficiente touca térmica.

[141] Para limpar bem e dar brilho aos fios, basta colocar uma colher (sopa) de vinagre de maçã em um litro de água. Depois é só enxaguar.

[142] Usar bobes depois da escova deixa os cachos largos e definidos. Se não fizer escova, enrole o cabelo já seco em bobes largos, passe spray em cada mecha e solte os fios.

[143] Para diminuir o volume dos cabelos cacheados, aplique um finalizador antifrizz antes da escova.

[144] Cabelos curtos bem cortados não precisam de escova. Use apenas as mãos com o jato do secador. O efeito é um penteado natural.

[145] Henna incolor em pó costuma ajudar a limpar couro cabeludo oleoso. Henna cremosa funciona mais para cabelos secos.

[146] Pingar vinte gotas de óleo essencial de *tea tree* em 100 ml de xampu ajuda a limpar o couro cabeludo.

[147] De vez em quando, pentear os cabelos já secos com os dedos, dando puxadinhas bem leves e suaves, ajuda a distribuir melhor a oleosidade que fica concentrada na raiz.

[148] Ao enxugar os cabelos, aproveite para fazer, por alguns minutos, movimentos circulares com a toalha. É uma ótima massagem no couro cabeludo.

[149] Troque a cor dos cabelos, o corte ou o penteado alguns meses antes do casamento, da festa ou de um compromisso importante. Se o resultado não for o esperado, ainda haverá tempo de mudar.

[150] Gotas de óleo essencial de alecrim misturadas ao xampu ajudam a diminuir a oleosidade dos fios. A proporção é de vinte gotas para 100 ml.

[151] Cabelos muito crespos precisam de *leave-in* para ficar hidratados. Só não exagere na quantidade para que não fiquem com a aparência engordurada.

[152] Passar chá de camomila nos fios depois da lavagem ajuda a clarear os cabelos. Para conservar a cor loura, faça o mesmo com chá de macela. E não enxágue.

[153] Para evitar o ressecamento dos cabelos, dê um intervalo de três dias entre cada escova. E *baby-liss* deve ser feito apenas uma vez por semana para não danificar os fios.

[154] Vitamina A não acelera o crescimento dos cabelos, mas o complexo B, sim.

[155] Para clarear as sobrancelhas, passe uma camada de rímel incolor com um pouco de sombra dourada.

[156] Para diminuir o volume, prenda os cabelos quase secos com uma touca feita de meia de náilon. Deixe-os "descansar" de duas a cinco horas. Quando tirar a touca, passe um finalizador à base de silicone.

[157] Não entre em um salão de beleza no dia em que estiver passando por uma crise pessoal. A possibilidade de a mudança no visual não ser de seu agrado é grande.

[158] Para conservar por mais tempo os cachos de cabelos ondulados, seque os fios com difusor.

[159] De todos os tipos de cabelo, os cheios e crespos são os que mais precisam de hidratações periódicas. Dessa forma, eles mantêm a vitalidade e ganham maciez e mais brilho.

[160] Rosto redondo com cabelos curtos pede brincos mais longos, desde que não ultrapassem a linha do maxilar.

[161] O rímel colorido pode servir para criar mechas leves em penteados de festa. Também os sprays ou as canetinhas coloridas ajudam a dar um realce aos cabelos. Todos saem com a lavagem.

[162] Finalizadores do tipo *leave-in* são indispensáveis para manter por mais tempo a hidratação de cabelos secos.

[163] Em casa ou no salão, faça hidratação quinze dias depois de pintar os cabelos.

[164] Para colorir as sobrancelhas, deslize o lápis com pequenos toques e não riscando o contorno de uma só vez – que poderia deixá-las marcadas demais.

[165] Cuidado com o excesso de luzes, reflexos e mechas: podem dar um aspecto envelhecido ao rosto.

[166] Nada de mechas se os seus cabelos tiverem passado por qualquer tipo de alisamento ou permanente: os fios ficam muito sensíveis à aplicação da tintura.

[167] Aquele xampu caríssimo não combinou com os seus cabelos? Despeje o conteúdo em uma embalagem de sabonete líquido e use-o para lavar as mãos.

[168] Não deu tempo de retocar a raiz? Uma solução provisória é usar um bastão de retoque nos tons dourado, castanho ou ruivo. Deve ser aplicado à noite.

[169] A não ser em dias de calor intenso, procure limitar as lavagens dos cabelos a, no máximo, três vezes por semana. Tudo para que os fios não ressequem demais.

[170] Quer tentar uma receita caseira para tratar os cabelos secos? Então, anote: bata no liquidificador ½ abacate médio, 1 colher de mel, ½ colher de azeite e 1 gema de ovo. Está pronta a sua máscara.

[permanente]

[171] Importante: um permanente bem-feito depende de um bom corte.

[172] De todos os procedimentos cosméticos capilares, o permanente é o menos recomendado para se fazer em casa. Principalmente se os cabelos forem tingidos, alisados ou descoloridos.

[173] Aplicar tintura e, em seguida, fazer permanente é um hábito que deve ser evitado para não agredir demais os fios. O prazo mínimo entre um procedimento e outro é de, pelo menos, quinze dias.

[174] Depois do permanente, procure usar xampus especiais para equilibrar o pH dos cabelos. Faça hidratações regulares. E cuidado com o sol.

[175] Use pente nos cabelos com permanente apenas enquanto estiverem molhados; caso contrário, o formato das ondas se desfaz. Penteie os cabelos secos com as pontas dos dedos para não quebrar os fios.

[176] Cabelos curtos ou de comprimento médio pedem permanente de ondas suaves. Assim, ganham movimento.

[177] Para não se arrepender com a mudança radical, faça antes do permanente um penteado que simule o que você deseja.

[178] Se quiser evitar ressecamento excessivo dos cabelos, misture ao líquido do permanente uma quantidade equivalente de leite.

[179] Se depois de finalizado o permanente você ainda estiver sentindo aquele cheirinho característico – bastante desagradável, por sinal – do produto, não hesite em pedir ao cabeleireiro nova lavagem e neutralização.

[180] Cabelos com permanente ficam mais bonitos quando, depois da secagem, for aplicado, com a ponta dos dedos, gel modelador de cachos. Depois, é só deixar secá-los naturalmente.

[*megahair*]

[181] Um *megahair* dura, no máximo, seis meses.

[182] O ideal é lavar os cabelos com *megahair* no salão, pelo menos duas vezes por semana. Além de ficarem mais bonitos, a cola que prende os fios dura mais.

[183] Evite fazer escova em casa se os cabelos tiverem *megahair*. O calor do secador pode prejudicar a durabilidade da cola.

[184] Com *megahair*, faça uma trança folgada para dormir. Os cabelos vão "acordar" com ótima aparência.

2
Rosto

Cuidar da beleza do rosto, para grande parte das mulheres, é correr contra o tempo e não envelhecer jamais. Para o *Superbonita*, manter o rosto com ótima aparência tem a ver com juventude, mas nem tanto. A experiência de nossas convidadas acabou nos mostrando que o que tinha para ser um clichê, quem diria, era verdade: um rosto de mulher pode, sim, ser iluminado, rejuvenescido e valorizado por bons hábitos de higiene, alimentação, predisposição à alegria, boas horas de sono e paz interior. Não se assustem, por favor. As dicas selecionadas nas páginas seguintes não se baseiam em filosofia de vida e mentalizações positivas. Todas têm como referência boa cosmética e bom senso, dois ingredientes imbatíveis para resolver os problemas de beleza do dia-a-dia. Problemas esses que, muitas vezes, serão solucionados por esteticista ou dermatologista – profissionais mais indicados para cuidar, com segurança, do rosto de uma mulher.

Mas se você é daquelas que gosta de uma suculenta máscara caseira, fique à vontade. Não irão faltar nas dicas que estão por vir sugestões de misturas que podem ajudar a manter o equilíbrio e a maciez da pele e ainda proporcionar diversão extra em noites solitárias.

Há também cuidados a serem tomados sob o sol, alguns segredinhos básicos para a hidratação dos lábios e um sucesso de público em matéria de dicas de beleza: a maneira correta – e polêmica – de passar cremes no pescoço. De cima para baixo? Ou de baixo para cima?

Não perca o esclarecimento de mais esses mistérios da beleza feminina!

[sol e filtros]

[185] A exposição exagerada ao sol causa queimaduras, sardas, manchas e, em último grau, câncer de pele. Branquinha ou não, não dispense o filtro solar.

[186] Passe boa quantidade de filtro na pele limpa trinta minutos antes de ir à praia e reaplique a cada duas horas.

[187] O efeito cumulativo dos raios UVA e UVB causam envelhecimento precoce. Daí a necessidade de uso contínuo de filtros e bloqueadores solares.

[188] Melasmas são manchas acastanhadas na pele causadas por fatores hormonais, como gravidez e pílulas anticoncepcionais, e agravadas pelo sol. Para evitá-las, use filtro solar sempre!

[189] Você pode não usar cremes, mas não esqueça do filtro solar, o melhor "antirrugas" já inventado, na opinião dos dermatologistas.

[190] Não deixe nunca de usar filtro FPS 30 no rosto se seus olhos e sua pele forem claros e seus cabelos ruivos ou louros.

[191] Não abuse: a pele negra também precisa de filtro solar para evitar manchas e envelhecimento precoce. Filtro 6 é o mínimo para peles normais e 20 para quem tem tendência a manchas.

[192] Protetores solares em forma de gel são mais adequados para peles oleosas. E o melhor: espalham com mais facilidade!

[193] Prefira bloqueador, em vez de filtro solar, na hora de praticar esportes. É que ele protege por muito mais tempo a pele.

[194] Não esqueça de passar protetor solar em regiões onde a pele é muito mais sensível e fina, como nuca, orelhas e pés.

[195] Negras devem evitar filtro solar com dióxido de titânio. Ele dá à pele um tom acinzentado.

[196] O protetor solar deve ser usado diariamente, mesmo que você fique a maior parte do dia sentada diante do computador.

[tratamentos e cirurgias]

[197] Ainda não inventaram nada mais potente para clarear a pele que o bom e velho ácido retinóico. As combinações com outros ativos é que variam, dependendo do tipo de pele e dos objetivos da paciente.

[198] *Peelings* são uma espécie de exfoliação mais profunda, que renovam as camadas superficiais da pele. Por isso, tiram manchas e dão mais viço ao rosto.

[199] Vitamina C já! Ela combate os radicais livres, melhora o colágeno e age como protetor solar.

[200] O sol interfere no processo de cicatrização da célula, por isso o uso de filtro solar é indispensável depois do *peeling*.

[201] O método Gentle Waves estimula o colágeno de maneira suave e é ideal para tratar preventivamente peles jovens.

[202] Se você tem pele sensível, não faça *peeling* impulsivamente. É importante prepará-la antes com produtos indicados pelo dermatologista, para testar qual será a reação.

[203] Quantum é um aparelho à base de luz pulsada que trata manchas suaves e microvasos e ainda estimula o colágeno.

[204] A bioplastia não substitui a plástica, mas ajuda a dar melhor acabamento à cirurgia por meio da correção de detalhes. É um recurso polêmico. Os médicos são cautelosos, as pacientes adoram.

[205] Medo de cicatriz aparente? Bobagem. A da plástica de pescoço fica atrás da orelha ou escondida no couro cabeludo. É praticamente imperceptível.

[206] Mesmo um procedimento dermatológico simples pode causar dor, inchaço ou reação alérgica. Reserve alguns dias para se recuperar com calma antes de voltar ao trabalho. No caso de cirurgia plástica, o ideal é ficar em casa por cerca de um mês.

[207] O *peeling* de cristal é tão suave que pode ser feito no meio de um dia de trabalho. Nos Estados Unidos, por exemplo, o método é conhecido como "o *peeling* da hora do almoço".

[208] O método conhecido como Portrait usa plasma de nitrogênio ativado para regenerar e rejuvenescer a pele. A formação de novo colágeno acontece até um ano depois da aplicação.

[209] O *minilifting* é um procedimento que corrige os primeiros sinais de envelhecimento. É um recurso válido para não se chegar aos sessenta anos precisando de uma superplástica.

[210] Qualquer tratamento para rejuvenescer requer o uso de filtro solar adequado a cada tipo de pele. Os ativos aplicados são fotossensíveis e, sem essa proteção, podem manchar a pele.

[211] Procure iniciar qualquer tipo de tratamento de pele durante o inverno e bem longe do sol.

[212] O ácido retinóico estimula a produção de colágeno, que se mantém íntegro até quatro meses depois da aplicação do produto.

[213] O Sculptra é uma injeção de ácido polilático que preenche sulcos e corrige contornos do rosto. Dura de dezoito meses a 24 meses.

[214] Ácidos e tensores são fundamentais no tratamento da pele madura, porque atenuam manchas e atuam na produção de colágeno.

[215] A aplicação de toxina botulínica, o popular Botox, dura, em média, seis meses. É indicada principalmente para paralisar os músculos da parte superior da face.

[216] Depois dos cinquenta anos, não faça *peeling* com frequência. A pele nessa idade é menos espessa e pode ficar desprotegida.

[217] Laser, *peelings* e Botox são os recursos mais utilizados no rejuvenescimento do pescoço.

[218] O Fraxel é um laser para tratar as camadas profundas da pele.

[219] Depois dos sessenta anos, prefira produtos com *gingko biloba* e vitamina C na fórmula para prevenir o aparecimento de manchas.

[220] Use cremes à base de ácido retinóico e hidroquinona: são os mais indicados para clarear manchas de envelhecimento.

[limpeza]

[221] Em peles normais ou mistas, o ideal é fazer limpeza de pele a cada três semanas. Em peles secas, uma vez a cada três meses. E nas acnéicas, de quinze em quinze dias.

[222] A limpeza de pele pode ser feita por sucção dos cravos superficiais com extração manual de espinhas, ou até com agulhas para drenar cistos profundos.

[223] Limpeza de pele dói mesmo, não tem jeito. Evite, por isso, os dias de maior sensibilidade, como os do período pré-menstrual.

[224] Buchas e escovas faciais fazem ótima massagem, mas exigem o uso de sabonete neutro.

[225] Na limpeza diária da pele, prefira gel ou loção de limpeza com pH neutro. Exfoliantes podem irritar a pele sensível.

[226] Depois de usar o demaquilante ou a loção de limpeza, lave o rosto com bastante água para evitar que resíduos das substâncias tensoativas permaneçam na pele.

[227] Para limpar e tonificar a pele, ferva e deixe de molho em água filtrada, por trinta minutos, folhas frescas de hortelã.

[228] A melhor maneira de limpar a pele ainda é água fria abundante e sabão neutro. O ideal é lavar o rosto três vezes ao dia.

[229] Camomila, arnica e *Aloe vera* são substâncias calmantes e regeneradoras que auxiliam a recuperação da pele, diminuindo o inchaço e a vermelhidão.

[230] Antes de aplicar um creme no rosto é bom que ele seja massageado entre as mãos. Assim, fica aquecido e penetra na pele mais facilmente.

[231] Compressas de chá de camomila gelado são ótimas para acalmar a pele.

[232] Mantenha a coluna ereta e o olhar elevado para evitar que a má postura enrugue o pescoço.

[233] Espremer espinhas sem deixar marcas na pele é tarefa para profissional. Não faça isso em casa.

[234] Acupuntura estética e pó de pérola eram receitas das rainhas chinesas para prevenir rugas. Procure um dermatologista e experimente!

[235] Está com "cara de sono"? Mergulhe o rosto em uma bacia de água fria duas ou três vezes pela manhã.

[236] Passe cremes antirrugas partindo do queixo em direção às têmporas.

[237] Borrifar água no rosto durante a exposição ao sol não hidrata, mas ajuda a refrescar.

[238] É verdade: para manter a pele jovem e hidratada beba, no mínimo, dois litros de água por dia. Esse hábito ainda faz bem para o funcionamento de todo o organismo.

[239] Evite lavar o rosto com água quente, que pode ressecar a pele e provocar flacidez. A temperatura deve ser próxima à do corpo. Água fria, tonifica.

[240] Ferva folhas e flores de camomila por dois minutos. Deixe esfriar e acrescente água-de-rosas. Passe no rosto para refrescar depois da limpeza.

[241] Evite os tônicos alcoólicos durante a menopausa. Opte pelas formulações para peles secas.

[242] Exercitar os músculos do rosto para mantê-los tonificados e firmes costuma dar bons resultados.

[243] Só dorme com ar-condicionado? Para não ressecar a pele, use um hidratante antes de dormir.

[244] Evite doces e frituras. A alimentação também é fator importante para manter a pele do rosto limpa, bonita e saudável.

[245] Na praia, para disfarçar espinhas, passe um corretivo e, por cima, um protetor solar em forma de gel.

[246] Proteja o rosto do sol com chapéu e óculos escuros para evitar que os raios solares destruam as preciosas fibras de colágeno e a elastina da pele.

[247] Os protetores labiais que não contêm mentol são indicados para outras áreas sensíveis do rosto, como as pálpebras, por exemplo.

[248] Faça exfoliações periódicas na área do nariz para deixá-lo mais limpo.

[249] Misture hidratante em uma base fluida e aplique diariamente sobre o rosto limpo para atenuar as marcas de expressão.

[250] A melhor maneira de evitar as linhas no rosto causadas pelas marcas do travesseiro é dormindo de barriga para cima.

[251] Massagear o rosto ao acordar melhora a aparência. Pressione as mãos do centro da face em direção às laterais. Não é preciso usar creme.

[252] Evite os formulados à base de formaldeído e álcool, que costumam provocar reações alérgicas.

[253] Cosméticos com vitamina A estimulam a renovação celular e com vitamina E têm ação antioxidante.

[254] Cremes conservados em geladeira duram 30% a mais. Não gosta dessa opção? Compre potes menores e repita a operação com maior frequência.

[255] Nem sempre ser fiel aos cosméticos dá resultado. Alternando os cremes, você pode descobrir um princípio ativo novo e mais eficaz.

[256] Não use cremes clareadores sem acompanhamento médico. Eles contêm princípios ativos que inibem o acúmulo de melanina e têm efeitos colaterais.

[257] Reduza a compra de potes de cremes e loções ao essencial. E invista em qualidade.

[258] Fique de olho no prazo de validade dos produtos de beleza. Em geral, duram dois anos.

[259] Passe o creme facial com movimentos suaves e ascendentes para levantar o visual.

[260] Calor e luz danificam os cosméticos. Guarde os produtos em local fresco e arejado para não comprometer sua eficácia.

[lábios, dentes e sorriso]

[261] O ácido hialurônico é a substância usada no preenchimento dos lábios. Seu efeito dura de seis meses até três anos.

[262] Não passe a língua sobre os lábios, porque ela remove a proteção natural da mucosa e deixa a área mais sensível ao vento e às baixas temperaturas.

[263] Cuidado com o excesso de café, mate, cigarro, chá e feijão. Todos esses produtos têm substâncias que amarelam os dentes.

[264] Dentes também envelhecem e colaboram para deixar o músculo ao redor dos lábios mais flácido. Antes da plástica, consulte seu dentista.

[265] Para tratar a pele dos lábios, dê preferência a batons com filtro solar e substâncias hidratantes.

[266] Invista em hidratação e proteção solar se quiser ter lábios jovens e superbonitos em qualquer idade.

[267] Para um sorriso saudável, troque a escova de dentes a cada dois meses.

[268] Mascar chiclete sem açúcar por alguns minutos estimula a secreção da saliva e ajuda a limpar os dentes.

[269] Para hidratar a região ao redor dos lábios, misture 2 colheres de soro fisiológico a 1 colher de sumo de babosa. Aplique antes de dormir.

[270] Cenoura crua e maçã limpam os dentes de forma natural.

[olhos]

[271] Inclua na alimentação vitaminas A, C, E, B2 e luteína – substâncias indicadas para a proteção e a saúde dos olhos.

[272] O cosmético "oftalmologicamente testado" garante o uso na região mais delicada do rosto.

[273] Para evitar inchaço das pálpebras, não abuse de álcool, café e comidas ricas em sal. Beba bastante água e durma com a cabeça um pouco mais elevada que o corpo para facilitar a circulação.

[274] Olhos inchados? Rale um pepino com casca, envolva a pasta em uma gaze e deixe-a sobre os olhos por vinte minutos.

[275] Olhos vermelhos? Ponha uma compressa de algodão com água gelada durante cinco minutos sobre a região.

[276] Sempre que puder, pingue nos olhos uma gota de soro fisiológico para aliviar a irritação causada pela poluição. Eles ficam mais claros e luminosos.

[277] Olheiras? Envolva um cubo de gelo em uma toalha fina e macia e pressione por alguns minutos as bolsas que se formaram embaixo dos olhos.

[278] Cremes à base de vitaminas A, C e E, camomila, *Aloe vera* e calêndula hidratam a região dos olhos.

[279] Pétalas de rosa geladas sobre os olhos tornam o olhar mais claro e brilhante. Deixe a flor, por alguns minutos, mergulhada no soro fisiológico dentro do congelador antes de usá-la.

[tipos de pele]

[280] Para controlar a oleosidade da pele, lave o rosto duas vezes ao dia. Prefira produtos *oil-free*.

[281] Pele oleosa precisa de hidratação para manter o tônus. Compre produtos à base de gel para evitar espinhas.

[282] Lavar muito a pele e os cabelos oleosos tem efeito contrário: o organismo repõe a oleosidade em dobro.

[283] Devem ser evitados, sempre que possível, produtos à base de álcool em peles negras. Tudo porque podem provocar espinhas e manchas.

[284] Use tônicos se a pele for oleosa. Refrescam e removem resíduos de oleosidade. Prefira leites ou cremes de limpeza se a pele for seca. Neste caso, evite sabonetes, mesmo os líquidos.

[285] Na pele oleosa da mulher negra, o melhor é usar tônico para limpeza e hidratante *oil-free*.

[286] Pele com acne requer um hidratante cujos ativos tenham ação bactericida, antifúngica e anti-inflamatória.

[287] Se a pele for normal, use produtos com pró-vitamina B5, extratos e óleo vegetais. Mas se tiver tendência à acne, opte por sabonetes antissépticos, formulações à base de gel e produtos que ajudem no controle da oleosidade excessiva.

[288] Peles secas pedem hidratantes em creme, com mais óleo e uréia, que têm ação prolongada e reduzem o risco de descamação.

[289] Prefira hidratantes calmantes e hipoalergênicos, seja qual for o seu tipo de pele.

[290] Para peles desvitalizadas: o melhor é usar formulações com vitaminas e silício orgânico, que aumentam a resistência da membrana celular.

[291] No caso de peles normais ou mistas, opte por fórmulas leves, com mais água e menos óleo, e loções fluidas.

[292] Jamais faça máscaras de limão, figo, tangerina e outras frutas cítricas, porque podem queimar a pele.

[293] Máscaras caseiras devem ser feitas com frutas da época. Fora da estação, podem ficar mais ácidas e o efeito acaba não sendo o desejado.

[294] Bata ½ pepino e um copo de iogurte no liquidificador: está pronto um tônico natural para a sua pele.

[295] Máscara no rosto limpo, por apenas dois minutos, melhora a aparência cansada.

[296] Improvise um ótimo exfoliante para o rosto: misture 1 colher (sopa) de farinha de amêndoas à mesma medida de mel.

[297] Para peles secas, as máscaras devem ser ricas em vitaminas A e E, glicerina e colágeno. Para as oleosas, prefira as formuladas em gel com loção adstringente.

[298] Prepare sempre a máscara caseira em utensílios de louça ou vidro – são os mais indicados.

[299] Jamais guarde sobras de mistura para máscaras: podem ser facilmente contaminadas por microorganismos nocivos à pele.

[300] Faça uma papa de farinha de mandioca, gotas de azeite e água e espalhe sobre um pano. Em seguida, aplique sobre o nariz. Ajuda a retirada de cravos e espinhas.

[301] Bata no liquidificador a polpa de um coco verde. Aos poucos, vá adicionando a água dele até obter um creme. Passe uma camada no rosto e deixe essa pasta descansar por trinta minutos. Retire a máscara com a água de coco restante. É ótimo para nutrir e hidratar a pele.

[302] Não esqueça: máscaras devem ser removidas sempre com água fria.

[303] Hidratações profundas à base de manteiga de karité e ácido hialurônico com vitamina E são boas opções para o verão.

3 Maquiagem

Maquiagem não faz milagre, mas é um truque de mágica muito bem-sucedido quando praticado principalmente por profissionais. Com uma diferença: os segredos e as dicas do uso de sombras, pós compactos, blushes, lápis e batons, ao contrário do que acontece no mundo dos mágicos, jamais são guardados. Segredo de maquiagem bom é aquele que se ensina para a amiga mais próxima e ela passa adiante – como estas dicas que foram selecionadas para você, entre as muitas levadas ao ar pelo *Superbonita*.

Do desenho das sobrancelhas à maneira correta de aplicar o blush, passando por mitos e verdades do uso das sombras, você vai encontrar aqui um manual resumido para a sua maquiagem de todos os dias. São procedimentos simples que realçam a beleza natural do rosto e, se for o caso, conseguem disfarçar aquelas pequenas imperfeições que toda mulher odeia. Você sabia que a cor certa da base é decisiva para o bom resultado da maquiagem? E que o corretivo para a testa, o nariz e o queixo deve ser comprado em um tom mais claro que a pele do rosto? Pois é.

Mesmo que você faça a linha natural e, como manda o bom senso em um país tropical, use pouquíssimo *make-up*, há uma dica sob medida para o seu estilo de vida. Afinal, não existem duas superbonitas iguais. Só uma dica é comum a todas: prefira sempre, sempre mesmo, cosméticos com filtro solar.

Faça da maquiagem uma diversão. Porque pintar o rosto com o que há de melhor da cosmética atual é um luxo que pode pesar no orçamento, mas acaba sendo um grande prazer. Que você, claro, merece.

[batom]

[304] Para maior fixação do batom: pressione um lenço de papel sobre os lábios a fim de retirar o excesso, aplique pó e só depois passe a segunda camada.

[305] Sombreie o canto da boca com lápis escuro e use batom mais claro no centro – o efeito é boca volumosa.

[306] Prefira batons com hidratante para evitar que os lábios fiquem ressecados.

[307] Substâncias como pimenta e DMAE aparecem em algumas fórmulas com a intenção de dar cor e volume aos lábios.

[308] Batom vermelho e marrom-escuro realçam dentes brancos e perfeitos.

[309] Não aplique muitas camadas de batom vermelho. Com o movimento natural dos lábios, o contorno se desfaz mais rápido e fica mais fácil de borrar.

[310] Batons iluminam não apenas os lábios, mas o rosto inteiro. Não saia de casa sem ele.

[311] Para deixar a boca sedutora, passe uma camada de batom cremoso e depois outra de *gloss*.

[312] Batons de cor clara e textura fina se adaptam melhor a qualquer cor de roupa.

[313] Batons em tons metálicos deixam a boca da mulher negra mais sensual.

[314] Tons de vermelho, framboesa e uva deixam os lábios mais sensuais.

[315] Use sempre batom no mesmo tom que o lápis de contorno para disfarçar as rugas em volta dos lábios. Ou, então, substitua os batons cremosos pelos secos e dispense o lápis de contorno.

[316] Use pincel para passar o batom vermelho e obter melhor fixação.

[317] Brilhos aumentam lábios finos.

[318] Evite batom muito cremoso: pode acabar escorrendo e marcando as ruguinhas ao redor dos lábios.

[319] O brilho labial transparente e o batom cor de boca são ótimas opções para quem trabalha.

[320] Prefira batom vermelho-escuro se a pele for negra, morena ou amarelada.

[321] Lábios carnudos ou bem delineados devem ficar longe de batons opacos. Brilhos em tons rosa ou pêssego são ideais para realçá-los.

[322] Use um delineador labial, com lápis ou pincel, para dar maior durabilidade ao batom e impedir que borre.

[323] Batom vermelho com sombra da cor da pele ressalta os lábios.

[324] Lápis cor de boca desenha os lábios antes do batom vermelho.

[325] Durante o dia, aplique batom cor de boca, rosa-claro ou marrom-claro com pincel, fazendo movimentos que vão dos cantos para o centro dos lábios.

[326] Quando usar batom vermelho, prefira sombras cor da pele para valorizar os lábios.

[327] Use batons de cores vivas para dar impressão de lábios mais grossos.

[328] Tenha sempre um batom cor de boca para usar durante o dia, e um mais escuro, marrom, vinho ou vermelho, para festas e outras diversões noturnas.

[329] Junto com o batom vermelho, use nos olhos apenas um traço fino de delineador e rímel preto.

[330] Batons cremosos, à base de cera de abelha e vitaminas E e A, evitam que os lábios ressequem no inverno.

[331] Se a pele for oleosa, evite usar pó. Prefira base líquida, que deixa o visual mais leve.

[332] Compre a base e o pó no mesmo tom, de preferência da mesma marca. Os riscos de errar na cor diminuem.

[333] Passe a base na direção oposta das rugas e das linhas de expressão. E fique com aparência mais jovem.

[334] Não use base em tons de rosa sobre pele amarelada ou pálida, porque o efeito pode ser alaranjado.

[335] Aplique a base em todo o rosto, estendendo-a em seguida para a região do pescoço e do colo se você estiver usando roupa decotada.

[336] Prefira bases finas e transparentes para esconder manchinhas no rosto e tenha o cuidado de passá-las de modo uniforme.

[337] Verifique se não deixou uma linha divisória, de tons diferentes de base, entre o rosto e o pescoço. Corrija, se for preciso, com o próprio produto.

[338] Prefira base líquida no outono, porque ela ajuda a manter a umidade da pele.

[339] Para disfarçar pequenas manchas e imperfeições, use base levíssima, própria para o seu tipo de pele.

[340] Teste a cor da base no rosto – local onde você vai usá-la – e não sobre uma das mãos, como é costume fazer. A base certa não deixa vestígios na pele.

[341] Durante os meses mais frios, use base na tonalidade natural da pele. Assim, a maquiagem não fica artificial.

[lápis]

[342] Lápis preto nas pálpebras inferiores realça a cor dos olhos.

[343] Use lápis bem macio, de tonalidade castanha ou cor de café, se quiser desenhar falsas sardas.

[344] Se o lápis de maquiagem endurecer no frio e ficar difícil de usar, há saída: segure a ponta entre os dedos e aqueça por alguns segundos.

[345] O lápis que delineia os olhos deve ser macio e o das sobrancelhas, mais duro e um pouco mais claro.

[346] Os olhos estão sem vida? Pinte com lápis os espaços entre os cílios superiores.

[pó]

[347] Evite passar pó na parte inferior dos olhos: acentua as rugas.

[348] Não esqueça de passar pó ou base no pescoço. Deixá-lo com outra cor e outra textura é proibido.

[349] Use um pó finíssimo para controlar melhor o brilho da pele.

[350] O pó compacto dá acabamento ao rosto, escondendo poros mais abertos. É ótimo para retoques rápidos.

[351] Antes da maquiagem, aplique uma fina camada de pó facial no nariz para tirar o brilho.

[352] Depois da base, passe pó em todo o rosto, o colo e o pescoço para dar acabamento aveludado à pele.

[353] Sempre que possível, prefira pó do tipo translúcido para a maquiagem do rosto: é leve e não modifica a cor da pele.

[corretivo]

[354] Um tom mais claro de corretivo deve ser usado na zona T, formada por testa, nariz e queixo. O outro, exatamente da cor da pele, no restante do rosto.

[355] O corretivo é o melhor amigo das mulheres. Prefira os que, além de cobrir, são hidratantes e calmantes.

[356] Se estiver bronzeada, opte apenas por um corretivo em bastão e sombra em pó, ambos em tom próximo à cor da pele.

[357] Corretivo seco acentua as linhas de expressão. Prefira os cremosos.

[358] Com as pontas dos dedos, espalhe o corretivo com leves batidinhas. Vá do canto externo para o canto interno das pálpebras inferiores e do canto interno para o externo das superiores.

[359] Para disfarçar pálpebras superiores em tom mais escuro que o do rosto, use corretivo.

[360] Quer tornar o nariz largo menos evidente? Aplique corretivo marrom opaco nas abas laterais do nariz e suavize com pó facial também opaco.

[361] Use um bom corretivo para esconder cravos, espinhas e vasinhos do nariz.

[362] Aplique corretivo de olheiras para amenizar pequenas marcas do rosto. Funciona!

[363] Tenha sempre na bolsa um corretivo para a pele na cor natural. É indispensável para camuflar pequenas imperfeições.

[364] Não exagere no corretivo: você pode acabar errando e realçando ainda mais o que tinha a corrigir.

[365] Aplique corretivo nos cantos dos lábios para ajudar a fixar o batom.

[366] Espere um mês para os pelos crescerem e você corrigir o formato das sobrancelhas.

[367] Use sombra em pó para preencher falhas ou reforçar o desenho de sobrancelhas muito claras.

[368] Definir o arco natural das sobrancelhas que fica próximo ao centro dos olhos valoriza o rosto.

[369] Olhos separados exigem sobrancelhas mais juntas.

[370] Sobrancelhas compridas, finas e próximas dos olhos aumentam o olhar.

[371] Use um pincel de rímel velho, quase seco, para escovar e dar leve sombreado às sobrancelhas.

[372] Os olhos parecem mais bem maquiados quando as sobrancelhas estão feitas e escovadas.

[373] Só passe lápis onde houver falhas nas sobrancelhas, ou para corrigir o desenho delas. Caso contrário, a fisionomia pode ficar pesada.

[374] Para deixar as sobrancelhas mais compridas, complete o desenho com corretivo em tom mais escuro que a cor da pele.

[rímel]

[375] Tirar o excesso de rímel com papel absorvente dá melhor acabamento à maquiagem.

[376] Aplique de uma só vez duas camadas de rímel e espere secar. Depois, penteie os cílios com uma escovinha macia. Ficam incríveis.

[377] Antes de aplicar rímel colorido, passe uma camada de rímel preto.

[378] Experimente usar rímel marrom: dá efeito supernatural à fisionomia de quem tem cabelo castanho.

[379] No trabalho, se usar rímel, evite sombra e delineador. Menos é sempre mais.

[380] Lembre-se de que a cor do rímel deve combinar com os cabelos, as sobrancelhas e os cílios.

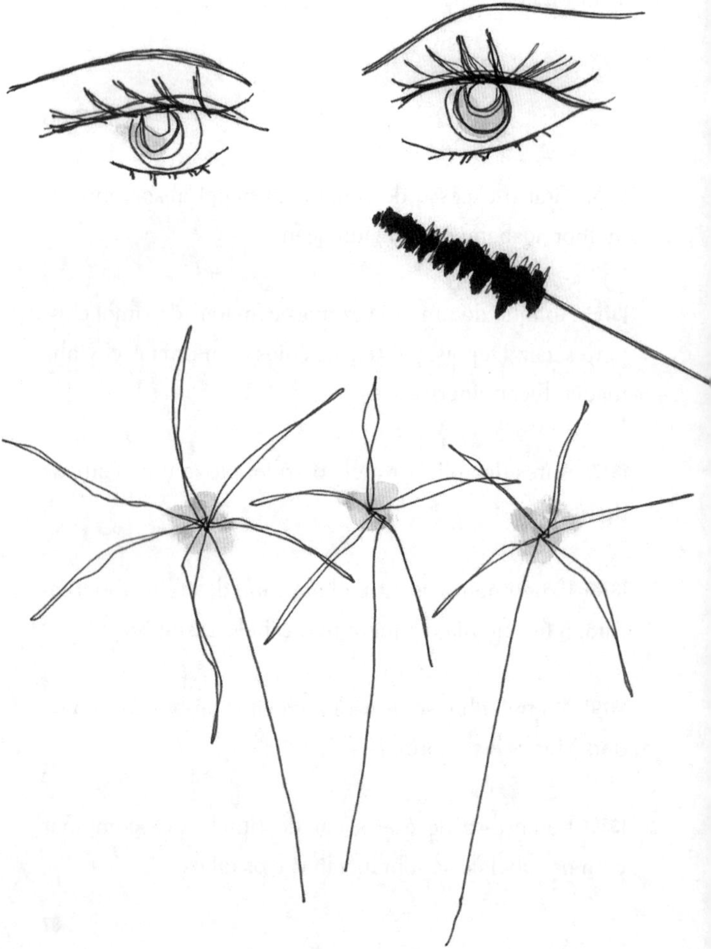

[381] Salpique pó facial em uma escovinha limpa e passe nos cílios antes de aplicar a primeira camada de rímel. Ele dura mais.

[382] Quanto mais espessa a escovinha do rímel, mais volume dará aos cílios. As de formato curvo deixam os cílios mais retos.

[383] O rímel que mais faz efeito é o preto. A não ser que a pele seja muito clara.

[sombra]

[384] A sombra sobre as pálpebras é bom recurso para deixar o olhar mais atraente e misterioso.

[385] Um toque de sombra clara ao longo das sobrancelhas, e bem no meio das pálpebras, ilumina o olhar.

[386] Para abrir o olhar: esfumace sombra marrom no contorno dos olhos e outra mais clara no fim das sobrancelhas.

[387] Sombra pérola, rímel azul bem forte e batom uva ou chocolate dão ótimo resultado em peles claras.

[388] Tons escuros de sombra diminuem os olhos e cores claras aumentam.

[389] Sombra dourada cremosa torna qualquer olhar mais atraente. Vale a pena experimentar.

[390] A sombra deve ser aplicada com pincel ou aplicador, nunca com os dedos.

[391] A sombra sobre as pálpebras valoriza a maquiagem. As melhores são as de base marrom e castanho.

[392] A sombra mais escura torna o olhar mais fundo, e a mais clara, mais aberto.

[393] Espalhe sobre as pálpebras uma camada fina de sombra vermelha para dar cor ao olhar.

[394] Os tons translúcidos e luminosos aumentam os olhos pequenos. Os mais escuros aprofundam o olhar.

[395] Para quem não tem nariz arrebitado: passe um pouquinho de sombra marrom na parte inferior do nariz, logo acima dos lábios, a fim de dar a impressão de ligeira levantada na ponta.

[396] Se a sombra for muito cintilante para ser usada durante o dia, aplique pó sobre ela para retirar um pouco do brilho.

[397] Se você tiver pele clara, escolha sombras nas cores verde, azul, lilás ou rosa.

[blush]

[398] Se quiser disfarçar o rosto quadrado, passe o blush logo atrás do maxilar, acompanhando o desenho do osso em direção ao queixo.

[399] Para afinar o rosto, aplique blush a partir das maçãs do rosto em direção ao queixo.

[400] Blush de tom rosado dá um colorido saudável e supernatural ao rosto.

[401] Para disfarçar e corrigir traços indesejáveis, opte por blushes que variam do bege ao marrom-escuro.

[402] Para realçar as maçãs do rosto no inverno prefira blush em tons de marrom.

[403] Contorne o rosto com uma tonalidade de blush um pouco mais escura do que a cor de sua pele. Assim, você afina o formato do rosto.

[404] Passe o pincel com blush rosado na ponta do nariz, na testa e no contorno do rosto para ganhar aparência natural e saudável.

[405] Esfumace blush avermelhado nas maçãs do rosto para dar leve colorido à fisionomia.

[*pancake*]

[406] Prefira *pancake* em vez da base quando quiser disfarçar marcas e cicatrizes. O efeito seco controla a oleosidade e garante cobertura mais uniforme. Mas não exagere!

[delineador]

[407] Os delineadores líquidos devem ser aplicados nas pálpebras superiores; os de ponta seca podem ser usados também nas inferiores.

[408] Use e abuse do delineador no contorno dos olhos, mas mantenha o rosto pouco maquiado.

[cílios postiços]

[409] Use rímel preto para dar uniformidade entre os cílios naturais e os postiços.

[410] Passe delineador preto rente aos cílios postiços para finalizar melhor a maquiagem.

[411] Não deixe de usar loção específica para limpeza dos olhos antes de retirar os cílios postiços.

[dicas]

[412] Se você quiser que a maquiagem não derreta no verão, envolva um cubo de gelo em algodão e o encoste levemente no rosto. Depois, passe hidratante fluido e base *oil-free*.

[413] Para disfarçar as rugas ao redor da boca, evite contorná-la com lápis.

[414] Faça um traço preto na parte interna dos olhos, junto à raiz dos cílios, para realçar os olhos claros à noite.

[415] Manchas ou sardas podem ser suavizadas com base levíssima e própria para o seu tipo de pele. Ou, então, com um corretivo no tom da pele e depois base mais grossa da mesma cor.

[416] Disfarce pálpebras cansadas com a aplicação de lápis branco no contorno interno dos olhos.

[417] Para acentuar a curvatura dos cílios, use Curvex antes da maquiagem.

[418] O permanente de cílios é mais indicado para quem tem fios retos, que não se curvam com rímel. A duração é de um mês.

[419] Se os olhos estiverem cansados, passe um pouco de lápis, delineando os cílios superiores. Vão ficar mais destacados.

[420] Um kit básico para a maquiagem dos olhos inclui pente e pinça para depilar sobrancelhas, estojo e pincel com três sombras, lápis preto para os olhos e rímel.

[421] Lápis de contorno, sombra e rímel marrom ficam bem tanto em olhos escuros quando em olhos claros.

[422] Prefira tons claros de pó, blush e sombras. A aparência da pele fica mais aveludada.

[423] Prefira o tom vermelho-cereja de maquiagem se sua pele e seus cabelos forem ruivos.

[424] Depois de retirar a maquiagem de festa, aplique máscara de argila: é excelente adstringente.

[425] Contorne os olhos com traços bem finos. A fisionomia não fica pesada.

[426] Na falta de delineador, umedeça um pincel fino e pequeno, passe na sombra preta e maquie os olhos.

[427] Não deixe de ter na bolsa lenços umedecidos para retirar a maquiagem, sempre que necessário.

[428] Para disfarçar nariz largo: faça um sombreado com blush sob o pé das sobrancelhas, passando rente ao canto interno dos olhos e descendo pelas laterais do nariz.

[429] Para disfarçar o nariz "batatinha": passe o blush desde o canto interno dos olhos, descendo pela linha ao lado do nariz em direção à ponta.

[430] Capriche na maquiagem dos olhos ou da boca se você não gostar de seu nariz e quiser desviar a atenção que sempre recai sobre ele.

[431] Atenção a uma regra básica de maquiagem: se os olhos forem destacados, a boca deverá ser mais discreta.

[432] Use tons neutros de maquiagem: dão aspecto natural ao rosto e combinam com qualquer tipo de pele.

[433] Deixe o demaquilante sempre à mão enquanto você se maquia. Com ele, é possível corrigir rapidamente erros e retirar excessos.

[434] Não tente simular efeito bronzeado com um produto muito mais escuro do que o seu tom de pele. Prefira os pós-bronzeadores, específicos para essa finalidade.

[435] Procure valorizar os pontos fortes de seu rosto na hora de fazer a maquiagem. Realçar o que se tem de mais bonito é um truque que sempre dá certo.

[436] Faça uma exfoliação nos lábios ressecados passando uma escova limpa e macia para remover as células mortas. Em seguida, aplique bálsamo hidratante e depois batom.

4 Corpo

Para ter um corpo bonito, é preciso usar cosméticos caríssimos, certo? A julgar pelo que os especialistas convidados do *Superbonita* têm nos ensinado o tempo todo, essa teoria está errada. Nem sempre o produto de beleza importado, ou de preço acima da média, é garantia de forma física exemplar. E sabe por quê? Aposto que você sabe. Porque só a prática regular de exercícios físicos, associada a uma alimentação sem excessos, pode dar ao tal cosmético caríssimo o poder de transformar você em deusa da beleza. Os cremes para firmeza do corpo, além dos incríveis produtos anticelulite – verdadeiros sonhos de consumo –, só vão ter o efeito desejado se forem aliados a um esforço exclusivamente seu. Acredite, sozinhos, eles não fazem milagres.

Mas cuidado: a dica mais importante é não exagerar nesse esforço. Na ânsia de trabalhar o corpo ao máximo, muitas mulheres estão se distanciando daquilo que todas deviam saber: que um corpo feminino no auge da forma é aquele que preserva as curvas suaves

e mantém a textura macia da pele. Definir os músculos tem limite, menina.

Tem limite também a aposta em dietas malucas e sem acompanhamento médico. Em vez de ganhar um corpo incrível, você perde a saúde – e isso não pode.

O que você pode e deve fazer é aprender a relaxar. Troque uma das muitas sessões de Pilates por uma massagem com óleos essenciais. Ou inclua aulas de ioga em seu programa de boa forma. O estresse corporal é tão nocivo quanto o facial, e, às vezes, uma horinha diária de sono extra pode fazer maravilhas pelo seu visual.

Quer saber mais? Dê uma olhada nas próximas páginas. Tratando bem o corpo, pedacinho por pedacinho, do colo e pescoço aos dedos dos pés, você vai ver que ser superbonita é só uma questão de tempo.

[pés]

[437] Evite retirar a cutícula das unhas, que serve de proteção natural contra calosidade e fungos.

[438] Massageie a planta dos pés com os dois polegares, fazendo sempre movimentos circulares, ou use uma bolinha de tênis enquanto assiste à TV. E relaxe!

[439] Não use tênis sem meias. As de algodão ajudam a absorver a transpiração e previnem mau cheiro e micoses.

[440] Aplique cremes hidratantes à base de ureia, provitamina B5, ácido salicílico e silicone todas as noites. Para aumentar a hidratação, envolva os pés em toalha quente e deixe o creme agir por quinze minutos.

[441] Ao acordar, antes de pensar em levantar da cama, bata na sola dos pés com a palma das mãos a fim de estimular bem a circulação.

[442] Use o secador de cabelos para eliminar toda a umidade entre os dedos. Pés úmidos estão sujeitos a micoses.

[443] Pelo menos uma vez por semana deixe as unhas sem esmalte para que respirem.

[444] Açúcar cristal misturado a óleo de amêndoas resulta em excelente exfoliante caseiro. Ou improvise com farinha de centeio e limão.

[445] Aperte a ponta dos dedos dos pés, começando pelo dedão, por dez minutos, quando estiver com dor de cabeça. Ela tende a melhorar.

[446] Evite sapatos de salto alto e bico fino: prejudicam a postura, provocam calos e acentuam joanetes.

[447] Depois de uma massagem com óleo de amêndoas doces – não esqueça dos calcanhares, sempre mais ásperos –, passe uma leve camada de parafina nos pés. Abafe-os por vinte minutos. A pele fica mais macia e relaxada, você vai adorar!

[448] Mantenha o formato das unhas o mais reto possível para evitar que encravem.

[449] Para conservar a cor e o brilho do esmalte, reaplique a cada três dias base incolor.

[450] Uma vez por semana deixe os sapatos ao sol para combater o mau cheiro. E evite usar o mesmo par por dois dias seguidos. Isso ajuda a não-proliferação de fungos que causam frieiras e micoses.

[seios]

[451] Decotes em formato quadrado valorizam o colo sem aumentar os seios.

[452] Para retardar a flacidez dos seios, invista na boa postura e fortaleça a musculatura das costas e do abdômen.

[453] Mantenha a coluna reta e os ombros encaixados para trás. Assim, os seios crescem e aparecem.

[454] Evite usar sutiã tomara-que-caia, que achata os seios e predispõe à flacidez.

[455] Para garantir a sustentação dos seios, prefira tops específicos para exercícios físicos na hora da malhação.

[456] Depois do banho, aplique creme para os seios em movimentos circulares, de baixo para cima, formando o desenho de um "oito".

[457] Quem tem seios grandes deve preferir modelos de sutiã com sustentação, base do bojo reforçada, laterais e alças mais largas. E evitar usar colar ou golas volumosas.

[458] Quer fazer topless? Então, passe filtro solar FPS 30, de duas em duas horas, na região dos seios.

[459] Durante a gravidez, use sutiã o tempo todo. Assim, os seios ganham mais suporte.

[460] O óleo de amêndoas doces ajuda a hidratar e dar maior elasticidade à pele dos seios. Já o de erva-doce com essência de gerânio estimula a circulação local.

[461] Proteger os seios dos raios solares vale a pena. O sol quebra as fibras de colágeno, fazendo com que a pele perca a elasticidade.

[462] Para garantir seios firmes e sensuais, exercite os músculos localizados no tórax, na parte superior dos braços e nas costas. E lembre-se: a natação é o melhor exercício para os músculos que sustentam os seios.

[463] Para exercitar a musculatura que sustenta os seios, torça uma toalha de banho grande, durante trinta segundos, com as duas mãos.

[unhas]

[464] Tesouras e lixas de metal podem danificar as unhas. Prefira as lixas tradicionais, que devem ser usadas em uma só direção.

[465] O esmalte amarelou? Passe vinagre branco.

[466] Quer unhas mais brilhantes? Aplique gotas de óleo de amêndoas sobre elas.

[467] Para evitar o descascado do esmalte, aplique uma base transparente fixadora sobre as unhas já secas.

[468] Prefira esmaltes enriquecidos com fibras de náilon, cálcio e queratina, porque duram mais tempo.

[469] Não lixe as unhas logo depois do banho, porque elas ficam mais sensíveis e podem quebrar com facilidade.

[470] Mergulhe as unhas recém-pintadas em água bem gelada. Logo, estarão secas.

[471] Inclua na dieta alimentos ricos em proteínas e vitaminas A e B para dar mais força às unhas.

[472] Na dúvida, prefira as unhas em formato arredondado, porque combinam com qualquer tipo de mão.

[473] Dê preferência a removedores de esmaltes oleosos, porque protegem a queratina e lubrificam a unha. Mesmo assim, não use esse tipo de produto mais que uma vez por semana.

[474] Faça massagens diárias com óleo de cravo-da-índia: fortalece as unhas e amacia as cutículas.

[475] Mergulhe as unhas em azeite de oliva morno para tirar o aspecto ressecado.

[celulite]

[476] Prefira aplicar cremes à base de cânfora e mentol, que têm ação descongestionante e diminuem bastante a retenção de líquidos.

[477] As quatro regras básicas para melhorar a celulite são: reduzir a ingestão de gorduras e carboidratos, tomar dois litros de água por dia, fazer exercícios e massagem.

[478] Tratamento anticelulite: descanse por vinte minutos, deitando-se com os pés ligeiramente acima da cabeça para ativar a circulação.

[479] Use produtos contra celulite pela manhã, quando o corpo elimina as toxinas acumuladas no dia anterior.

[480] Uma hora de exercícios diários ajuda a combater à celulite. Dê preferência aos exercícios aeróbicos.

[481] Evite se expor ao sol se o creme anticelulite tiver na fórmula ácidos glicólico ou retinóico, que podem manchar a pele.

[482] Adesivos anticelulite funcionam em áreas muito limitadas e costumam ser indicados apenas em casos iniciais.

[483] Pelo menos três vezes por semana, faça massagens relaxantes. Elas ajudam a regular a função hormonal e melhoram o aspecto da pele. Deslize as mãos de baixo para cima e faça movimentos circulares sempre na mesma direção.

[484] O resultado de cremes anticelulite não é vapt-vupt. Aparece somente depois de, no mínimo, um mês de uso contínuo. Então, não tenha um ataque de nervos nem espere milagres.

[485] Evite usar calças apertadas que prejudicam a circulação e favorecem o aparecimento da celulite.

[486] Faça movimentos circulares em sentido horário no abdômen para melhorar o aspecto da área com celulite.

[487] Uma vez por semana, faça uma exfoliação com sabonete líquido na região do colo.

[488] Não exagere na quantidade de perfume para evitar manchas avermelhadas.

[489] Cremes devem ser aplicados em movimentos que começam no queixo e descem em direção ao colo. Depois, na direção oposta, de baixo para cima.

[490] Decotes em V valorizam o colo.

[491] Faça uma máscara de polpa de tomate batido com uma clara de ovo e aplique na região. Deixe por trinta minutos e retire com água gelada para revitalizar e hidratar.

[492] Prefira géis e fórmulas *oil-free* para prevenir a acne causada pelo sol.

[493] Abuse do bloqueador solar ao se expor na praia ou na piscina. Assim, você evita manchas, sardas e pintas.

[massagem]

[494] Prepare a quantidade certa de óleo aromático. Se exagerar na dose, eles podem oxidar, gerando mau cheiro.

[495] O aroma de gengibre traz alegria, o de framboesa relaxa, o de flor-de-laranjeira é afrodisíaco, o de almíscar, de alecrim ou de rosas estimulam a sensualidade e são ótimos para massagem a dois.

[496] A massagem precisa ser feita conforme o sentido do fluxo de circulação sanguínea: dos pés para a cabeça.

[497] A massagem nas mãos deve começar da ponta dos dedos e ir em direção ao centro.

[498] Cubra a área que não estiver sendo trabalhada na massagem com uma toalha felpuda de algodão para que a região não se resfrie.

[abdômen]

[499] Massageie o abdômen com óleo de vitamina E durante alguns minutos depois do banho para dar mais vitalidade à região.

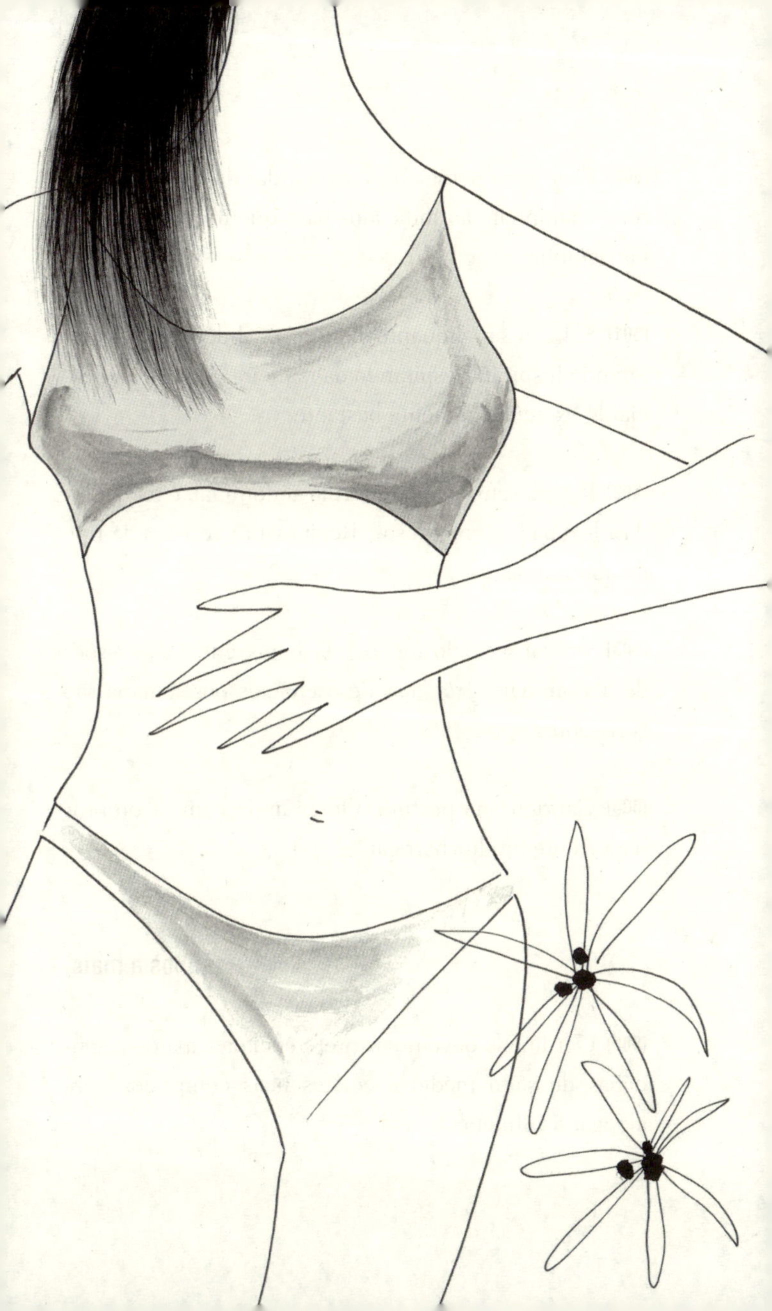

[500] Exercícios aeróbicos, como andar de bicicleta, correr e caminhar são indicados para quem quer perder a barriguinha.

[501] Solte o ar enquanto contrai o abdômen e dilate quando inspirar. Respirando da maneira correta, a eficácia do exercício aumenta bastante.

[502] Para desenvolver o músculo abdominal, é recomendável trabalhar com pesos. Repita vinte vezes cada tipo de abdominal.

[503] Descanse, pelo menos, 48 horas entre as sessões de abdominais. Três dias de exercícios por semana são suficientes.

[504] Capriche na postura. Quem anda com os ombros para frente produz barriga.

[quilos a mais]

[505] Gordinhas devem dar preferência a sapatos e sandálias de salto médio e colares mais compridos para alongar a silhueta.

[506] Explore, ao máximo, a região do colo, usando um belo decote e mangas 3/4, que afinam os braços.

[507] Use lenços, echarpes e xales. Esses acessórios disfarçam braços gordinhos que ficam de fora em determinadas roupas.

[508] Não culpe a genética ou a idade no caso de flacidez muscular. Faça exercícios!

[509] Evite bebidas isotônicas ou energéticas, barras de cereais ou similares se o objetivo for emagrecer. Eles são indicados apenas para quem faz atividade física intensa.

[510] Varie, ao máximo, o cardápio para prevenir a flacidez. Proteínas e vitamina C são fundamentais.

[511] Não faça dietas radicais, nem fique muito tempo sem comer. Isso evita que o organismo queime músculos para obter energia.

[512] Coloque um banquinho no boxe do chuveiro e, sentada, passe sal grosso nos pés. Catalisador de energia, o sal revigora e massageia a região.

[513] A pigmentação é um recurso usado para camuflar as estrias.

[514] Estria retirada a laser é para sempre. Viva!

[515] Passe hidratante na pele ainda úmida. A água ajuda o corpo a absorver melhor o produto.

[516] Uma exfoliação com algas marinhas e sal grosso remove as células mortas e limpa profundamente a pele.

[517] A melhor hora para aplicar hidratante é entre 15h30 e 21h30, período de maior regeneração celular.

[518] Morte às estrias! O *peeling* de cristal tem boa ação contra estrias novas, vermelhas. Já o fraxel laser é usado com bons resultados nas brancas e grossas.

[519] Intervalos de quatro a seis semanas entre as sessões de laser são fundamentais para a cicatrização da pele.

[520] Não use cera quente se tiver tendência a vasos e varizes, mas depilatórios a frio.

[521] A exfoliação é o primeiro passo para um bronzeado uniforme: retira as células mortas e renova a pele para o verão.

[522] Semente de uva é um potente regenerador e hidratante. Restaura o colágeno e melhora a circulação periférica.

[523] Hidrate, hidrate, hidrate. Para manter sempre a maciez da pele, use cremes à base de ureia, vitamina C e alfahidroxiácidos.

[524] Prefira as lâminas paralelas e giratórias na depilação, porque favorecem o deslizamento sobre a pele.

[525] Atenção: a cera quente precisa estar sempre cremosa para melhor aderência e eficácia.

[526] Os pelos devem estar completamente secos e sem uma camada de hidratante se a depilação for feita com cera ou aparelho elétrico.

[527] Álcool e soluções alcoólicas não devem ser usados antes ou depois da depilação porque desidratam e sensibilizam a pele.

[528] Antes de depilar, passe na pele um cubo de gelo envolvido numa gaze para diminuir a sensibilidade à dor.

[529] Use bálsamos e géis calmantes logo depois da depilação para refrescar, restabelecer a hidratação natural e proteger a pele.

[530] Dê preferência à depilação com cera quente. Sua temperatura facilita a remoção dos pelos e reduz a dor. A cera fria, mais recomendada para peles finas e sensíveis, deve ser feita com mel, menos agressiva.

[531] Aproveite a hora do banho para depilar com lâmina, momento em que a pele está úmida, macia e com os poros dilatados.

[532] Evite usar desodorante logo depois de depilar as axilas. Se possível, aplique o produto depois de doze horas.

[533] Para evitar reações alérgicas, não deixe de testar uma pequena quantidade de creme depilatório 24 horas antes do uso.

[534] Para facilitar a depilação das axilas, aplique antes talco antisséptico para secá-las.

[535] Procure não depilar o buço no dia em que quiser garantir boa aparência! A pele pode ficar avermelhada e inchada por algumas horas.

[536] Prefira lixas ou luvas especiais para depilar pelos finos e curtos de braços ou pernas.

[537] Não tome sol antes da depilação, porque a pele fica sensível. Depois, use filtro solar para evitar manchas.

[538] Para evitar a irritação da pele, não faça exfoliação nos dois dias seguintes à depilação.

[539] Não tome banho quente até quatro horas antes da depilação com cera. A alta temperatura sensibiliza por demais a pele.

[540] Duas horas depois da depilação, aplique creme calmante à base de azuleno ou camomila.

[541] Aplique vaselina na pele antes do creme depilatório. A região não vai sofrer irritação.

[banho]

[542] Cascas de laranja ou de limão dão um perfume especial à água da banheira.

[543] *Ylang-ylang*, lavanda, tangerina e extrato de camomila formam uma combinação infalível para relaxar. Adicione algumas gotinhas desses óleos essenciais na banheira com água morna.

[544] O melhor banho é o morno. Muito quente não relaxa, desidrata e cansa a pele.

[545] Depois do banho, use óleos de cravo e canela na testa e nos pulsos para relaxar.

[tatuagem]

[546] A mesma pomada que ajuda a cicatrização da tatuagem, B-pantol, serve para realçar o desenho.

[547] Jamais pegue sol direto na tatuagem: ela descolore.

[548] As pessoas envelhecem e a tatuagem também. A pele perde o tônus e o desenho, a forma.

[549] Durante a cicatrização, não mexa na tatuagem. Pode estragar o desenho ou causar infecção.

[550] Evite tatuagens em pescoço, rosto, pés e mãos. O que era novidade pode acabar cansando rápido.

[551] Retocar a tatuagem de oito em oito anos ajuda a manter as cores bem vivas.

[boa forma]

[552] Na hora da ginástica, prefira roupas de algodão, que absorvem o suor e permitem que a pele respire.

[553] Quem tem tendência a varizes deve pegar menos peso nas aulas de musculação e aumentar a duração das séries para obter bons resultados.

[554] Durante o dia, faça uma pausa e respire fundo para oxigenar as células, alargar a capacidade pulmonar e eliminar 70% das toxinas.

5 Vida prática

Há muito mais entre uma mulher e o espelho que a beleza do rosto, do corpo ou dos cabelos. Para ficar sempre superbonita, cada pedacinho do visual, em todas as situações, deve estar em perfeita harmonia com aquilo que ela acredita ser a sua melhor expressão. A expectativa é alta, especialmente em ocasiões especiais, como festas e casamentos.

No cotidiano, em diferentes fases da vida, não faltam igualmente dúvidas de beleza. Qual o melhor xampu para a queda de cabelo pós-parto, hein? E no casamento – que tipo de vestido é mais adequado para quem tem seios grandes? Para rostos redondos, qual o melhor formato de brinco? É verdade que dormir horas antes de embarcar em um avião descansa a pele da tensão da viagem? São muitas, muitas as questões a resolver.

As dicas que você vai ler agora são um apanhado dessas dúvidas que fazem parte do universo feminino de beleza. Porque, para as mulheres, a vida prática é complicadíssima, com decisões às vezes difíceis de tomar.

Tomara que a sua vida, com as nossas respostas de beleza, fique mais simples. Quando for escolher um modelo de óculos, experimentar o melhor lugar para passar um perfume ou hidratar os seios durante a amamentação, leia antes as dicas que estão nas páginas seguintes.

Mas a última palavra é sempre sua. Na dúvida, siga a intuição, o mais poderoso de todos os truques femininos para a vida prática. E não se esqueça de que a melhor dica de beleza é simplesmente aquela que faz você feliz.

[noivas]

[555] Nada de batom de cor opaca na cerimônia! A maquiagem deve chamar atenção para os lábios. Aplique batom que tenha brilho em tons de rosa ou pêssego.

[556] Defina o estilo do penteado antes de escolher o véu ou o arranjo de cabeça.

[557] A sombra deve ser leve e bem espalhada para realçar os olhos.

[558] Para diminuir o busto, use decotes profundos em V.

[559] Evite vestido volumoso e pesado, que faz a noiva tipo mignon parecer mais baixa.

[560] Comece a cuidar do corpo, da pele e dos cabelos pelo menos seis meses antes da data marcada, deixando para o dia D apenas o penteado e a maquiagem.

[561] Modifique a cor dos cabelos ou o corte alguns meses antes do casamento. Se o resultado não for o esperado, ainda haverá tempo de mudar.

[562] Teste o penteado que você vai usar pelo menos um mês antes. E leve uma foto do vestido para que o cabeleireiro acerte na produção.

[563] Nos quinze dias anteriores ao casamento, faça uma hidratação nos pés. Ela vai eliminar as calosidades e amaciar a pele.

[564] Beba sucos de abacaxi, uva e morango, calmantes naturais, que ajudam a combater a ansiedade e o nervosismo pré-cerimônia.

[565] No dia do casamento, tome banho de chá de cascas de pera. É excelente afrodisíaco.

[566] Cabelos soltos só valem se forem especialmente bonitos. Neste caso, combine com um arranjo feito apenas de flores naturais e dispense o véu.

[567] Mulheres mais baixinhas devem optar por uma cauda que saia das costuras laterais do vestido e vá se alongando na parte de trás.

[568] Lembre-se: a linha da cintura é o ponto fraco das gordinhas. Esqueça detalhes como cintos, faixas, drapeados, apliques.

[569] Prefira usar maquiagem em tonalidades quentes, do rosa ao dourado. Mas leve em consideração a cor da pele e a do vestido.

[570] Para esconder gordurinhas, use tecidos leves, como crepe, musselina e chiffon.

[571] Adote a cintura baixa e a saia comprida, combinação perfeita para esconder quadris largos.

[572] Não esqueça: leve um kit de emergência para o local onde será a festa do casamento. Inclua grampos, fixador de cabelos, gel, fita crepe, agulha e linha.

[573] Depois de fazer um tratamento nos cabelos, peça ao cabeleireiro que recomende xampu e condicionador para serem usados dias antes do casamento. Esses produtos mantêm a maciez e o brilho dos fios.

[574] Branco e preto são cores proibidas para madrinhas não importa o horário ou a estação do ano.

[575] O buquê da noiva deve ser de flores naturais, assim como as usadas na decoração da igreja.

[joias]

[576] Guarde o colar e os brincos de pérolas em saquinhos de veludo ou de tecido delicado. Evite deixá-los em contato com outras joias.

[577] Um colar de pérolas deve ser remontado a cada ano, ou de acordo com a frequência de uso. Suor e umidade podem romper o fio-guia.

[578] Evite que as joias entrem em contato com perfumes, cosméticos, cloro de piscina e produtos de limpeza. Escurecem.

[579] Pérolas não gostam de substâncias ácidas, suor e álcool: perdem o brilho.

[580] Evite usar pérolas em dias muito quentes ou debaixo do sol.

[581] A pérola deve ser limpa com água e sabão neutro. Depois, seca com pano macio.

[582] A esmeralda deve ser limpa com óleo de amêndoas doce. Depois, um bom banho de sol.

[583] Ouro é limpo com água morna, sabão de coco diluído e amoníaco. Deixe a peça por alguns minutos nessa solução, enxágue e seque com pano macio.

[584] Não tome banho com joias de ouro. O sabonete deixa uma fina película sobre a superfície do metal, dando aparência opaca.

[gravidez e maternidade]

[585] Água é um excelente hidratante. Beba pelo menos dois litros e meio diariamente.

[586] Cremes à base de óleo de amêndoas, semente de uva e ureia hidratam a pele e ajudam a prevenir estrias. E, sim, podem ser usados durante a gravidez.

[587] Bolsa de água quente à noite, debaixo dos quadris, ajuda a relaxar os músculos das costas.

[588] Prefira usar cosméticos antialérgicos e de aroma suave quando estiver com o bebê. Cremes para o seu tipo de pele podem não fazer bem à pele da criança.

[589] Pés inchados? Deixe-os por dez minutos de molho em uma bacia com água gelada, cânfora e sal grosso.

[590] Caminhar é uma das melhores formas de se preparar para o parto, porque melhora, e muito, a capacidade respiratória.

[591] Passar bucha com sabonete líquido em todo o corpo, durante o banho, ativa a circulação e evita o aparecimento de celulite.

[592] Depois da gravidez, use e abuse das cores violeta, azul, laranja e verde, que acalmam e ajudam a relaxar você e a criança.

[593] Enquanto estiver amamentando, prefira água-de-colônia a perfumes: a concentração da essência é baixa e não agride o nariz do bebê.

[594] Não dá para pintar a raiz do cabelo? Use um bastão de retoque em tons de dourado, castanho ou ruivo. Deve ser aplicado à noite.

[595] Para reduzir a queda de cabelo depois do parto, prefira xampu de jaborandi.

[596] Fisionomia cansada? Use corretivo e pó facial nas pálpebras e finalize com um iluminador cremoso.

[597] Para voltar à forma, pratique exercícios por 45 minutos, de três a cinco vezes por semana.

[598] Esqueça: xampus infantis não oferecem qualquer vantagem para adultos.

[599] Disfarce o inchaço dos olhos com um toque de corretivo claro sob a base e evite o uso de pó facial.

[600] Durante a amamentação, beba três litros de água por dia para compensar a perda de líquidos.

[601] Enquanto o bebê estiver dormindo, aproveite para fazer compressas de chá preto ou camomila nos olhos: atenuam as olheiras.

[602] Depois da gravidez, os exercícios abdominais são importantes para o fortalecimento da musculatura. Não deixe de fazer, mas não exagere na dose.

[603] Exercícios localizados são a melhor opção para evitar a flacidez pós-parto.

[604] Para disfarçar a barriguinha, aposte em tailleurs e conjuntos: a parte de cima cobre parcialmente a de baixo.

[605] Para amenizar o estresse da nuca, pressione a pele do pescoço com os dedos e jogue a cabeça para atrás. Termine dando tapinhas e passando creme hidratante.

[606] Quer garantir a sustentação dos seios durante a amamentação? Não deixe de usar em tempo integral um bom sutiã.

[607] Passe diariamente nos seios um creme simples, ou óleo de bebê, para prevenir estrias e garantir a maciez da pele.

[608] Mesmo depois do parto, você pode continuar usando henna: é menos agressiva para seus cabelos e para o bebê, caso esteja amamentando.

[609] Se as olheiras estiverem muito escuras, prefira corretivos em tons arroxeados.

[610] Evite exercícios aeróbicos depois do parto: podem prejudicar a amamentação.

[óculos]

[611] Precisa usar óculos e não quer chamar a atenção? Para fazer a armação praticamente sumir no rosto, compre a mais parecida com o seu tom de pele.

[612] Os óculos criam uma moldura escura embaixo dos olhos. Para disfarçar, aplique corretivo.

[613] Para dirigir à noite, use óculos de lentes amarelas.

[614] Cuidado com os óculos escuros durante o banho de sol: deixam marcas brancas em volta dos olhos. Use filtro solar e chapéu para proteger o rosto.

[615] Armação grande e quadrada aumenta o desenho das sobrancelhas.

[616] As hastes de metal que ficam em contato com a pele, sobre o nariz, devem ser protegidas com borracha ou acetato.

[perfume]

[617] Os franceses apontam os seios, o couro cabeludo, a parte de trás das orelhas e os antebraços como os melhores pontos para borrifar perfume.

[618] Evite ir à praia perfumada: pode causar manchas na pele. Se quiser usar perfume mesmo assim, pingue uma gota nos cabelos e duas na parte de trás das orelhas.

[619] Para conservar o perfume, guarde-o na caixa e em lugares de sombra e pouca luz.

[620] Cremes ou loções hidratantes devem ter o mesmo aroma do perfume para que os cheiros não "briguem". Você pode optar também por aromas cítricos, que neutralizam os odores.

[621] Meses mais frios são a melhor época do ano para usar perfumes mais encorpados, como os amadeirados e os doces.

[*piercing*]

[622] Use uma camada fina de sombra colorida em toda a pálpebra para realçar o *piercing* nas sobrancelhas.

[623] Passe sabonete líquido antisséptico no local do *piercing* até fazer espuma e vá girando a joia delicadamente. Deixe a espuma agir por alguns minutos e enxágue a área. Certifique-se de que não restou nenhum resíduo de sabonete.

[624] Mantenha as sobrancelhas bem delineadas para não comprometer o visual do *piercing* no supercílio.

[625] No primeiro mês pós-colocação do *piercing*, não deixe de usar soro fisiológico durante a limpeza: ajuda bastante na cicatrização.

[626] Use glitter no abdômen para realçar o *piercing* no umbigo.

[627] Corretivo que disfarça as olheiras e um pouco de sombra branca perto das sobrancelhas valorizam o olhar e destacam o *piercing* no supercílio.

[viagens]

[628] Leve na mala perfumes em creme, que são mais leves, não fazem volume e não derramam.

[629] Não esqueça: cosméticos e produtos de higiene pessoal, como xampus, cremes e loções, viajam melhor quando transferidos para embalagens em miniatura.

[630] Em viagem de fim de semana, leve cosméticos de 50 a 80 ml: têm a quantidade certa e são leves de carregar.

[631] Antes de iniciar uma viagem, evite alimentos pesados e doces. Você vai se sentir mais bem-disposta.

[632] Tire uma soneca rápida, de trinta a quarenta minutos, antes de viajar. Mas sem a ajuda de medicamentos!

[633] Prefira a escova de cabelo dobrável para fazer menos volume na bolsa de mão.

[634] Se for viajar de avião, leve dois *nécessaires* na bolsa: um bem pequeno, com produtos de higiene em miniatura, e o outro com maquiagem e cosméticos.

[635] Nas viagens de longa duração, lenços umedecidos são indispensáveis no *nécessaire*. Base compacta, colírio e batom também.

[636] Não esqueça de incluir no *nécessaire* base para as unhas. Ela devolve o brilho do esmalte.

[637] Rímel, batom, pinça, lixa de unha, escova de cabelo, xampu, condicionador, sabonete líquido para rosto e corpo, hidratante e protetor solar não podem faltar na frasqueira de viagem.

[638] Tenha sempre na bolsa um espelho pequeno para retocar a maquiagem.

[639] Durante a viagem, prefira usar creme para o contorno dos olhos que sirva tanto para o dia quanto para a noite.

[640] Não esqueça de levar um creme refrescante para os pés: alivia o cansaço depois de longos passeios.

[641] Se for viajar para a praia ou o campo, leve filtro solar para o rosto e o corpo, creme protetor para os cabelos, repelente e protetor labial.

[voz]

[642] Quando estiver em ambientes secos, intensifique a hidratação, aumentando o número de copos de água ingeridos por dia.

[643] Evite tomar líquidos muito gelados. As mudanças bruscas de temperatura podem afetar o aparelho fonador em função do choque térmico.

[644] Respeite suas horas de sono. Elas são imprescindíveis para o descanso do corpo e da voz também.

[645] Evite beber refrigerantes: eles contêm grande quantidade de gases, que prejudicam a movimentação do diafragma durante a respiração.

[646] Evite cantar ou falar demais para não cansar e estressar as cordas vocais. Tome mel, que aumenta a hidratação da garganta.

[647] Experimente passar óleo de lavanda no pescoço: relaxa a garganta e as cordas vocais.

[648] Evite ambientes com ar-condicionado se não quiser ressecar as mucosas da garganta.

[postura]

[649] Para melhorar a postura, sente em uma cadeira com a coluna reta e alongue os braços e os ombros para trás.

[650] Encoste todo o corpo na parede, desde os calcanhares até os ombros, e faça um alongamento para melhorar a postura, levando o queixo ao peito.

[651] Postura correta exige que os ombros estejam alinhados um pouco para trás, como se as escápulas quisessem se encontrar.

[pernas]

[652] Vista meia-calça de cor clara por baixo da de cor escura e suas pernas ficarão mais grossas.

[653] Os saltos do tipo plataforma alongam a silhueta. Cuidado na hora de comprar botas de cano longo, porque diminuem a estatura.

[654] Deitar com as pernas para cima estimula a circulação. O ideal são alguns minutos depois do almoço e outros tantos antes de dormir.

[655] Meias na altura dos tornozelos ou dos joelhos diminuem o comprimento da perna.

[656] Cuidado! Meias-calças brancas engordam a perna e evidenciam as imperfeições.

[657] Enquanto estiver sentada, movimente os pés: os músculos da perna se comprimem e facilitam a circulação sanguínea.

[658] Para relaxar as pernas, aplique hidratante misturado a gotinhas de óleo essencial de camomila.

[659] Alongue as pernas durante dez minutos, todos os dias, para evitar inchaços e varizes.

[660] Abacaxi, banana, laranja e maçã são frutas que ajudam a reduzir a absorção de gordura no organismo.

[661] Beba água antes, durante e depois dos exercícios, que devem ser iniciados e concluídos com alongamento.

[662] Suco de berinjela ao acordar ajuda a emagrecer. E baixa o colesterol.

[663] Coma de três em três horas. Grandes intervalos entre refeições aumentam a fome.

[664] Água mineral ajuda na digestão, emagrece e ainda hidrata a pele.

[665] Para eliminar as toxinas do organismo, experimente suco de cenoura, pepino e beterraba.

Este livro, composto nas fontes Fairfield e Helvética,
foi impresso em Chamois Fine 67 g na Imprensa da Fé.
São Paulo, Brasil, outono de 2011.